STENDHAL DIPLOMATE

ROME ET L'ITALIE

DE 1829 A 1842

D'APRÈS SA CORRESPONDANCE OFFICIELLE INÉDITE

PAR

LOUIS FARGES

PARIS

LIBRAIRIE PLON

E. PLON, NOURRIT et Cie, IMPRIMEURS-ÉDITEURS

RUE GARANCIÈRE, 10

1892

Tous droits réservés

STENDHAL DIPLOMATE

L'auteur et les éditeurs déclarent réserver leurs droits de traduction et de reproduction à l'étranger.

Cet ouvrage a été déposé au ministère de l'intérieur (section de la librairie) en mars 1892.

OUVRAGES DU MÊME AUTEUR :

Correspondance politique de MM. de Castillon et de Marillac, ambassadeurs de France en Angleterre, 1537-1542. (Paris, F. Alcan. 1885. 1 vol. in-8º, en collaboration avec MM. Jean Kaulek et Germain Lefèvre-Pontalis.)

La Question juive il y a cent ans. (Paris, Charavay, 1886. Brochure in-8º. Épuisé.)

Recueil des instructions données aux ambassadeurs et ministres de France en Pologne. 1648-1794. (Paris, F. Alcan, 1888. 2 vol. in-8º.)

Onze lettres inédites de Louise de Coligny. (Paris, Société de l'Histoire du protestantisme français, 1889. Brochure in-8º. Épuisé.)

En préparation :

Journal de J.-B. Colbert, pour servir à l'histoire du Roi. (Société de l'Histoire de France. 1 vol. in-8º.)

PARIS. TYP. DE E. PLON, NOURRIT ET Cie, RUE GARANCIÈRE, 8.

STENDHAL DIPLOMATE

ROME ET L'ITALIE

DE 1829 A 1842

D'APRÈS SA CORRESPONDANCE OFFICIELLE INÉDITE

PAR

LOUIS FARGES

PARIS

LIBRAIRIE PLON

E. PLON, NOURRIT et Cie, IMPRIMEURS-ÉDITEURS

RUE GARANCIÈRE, 10

1892

PRÉFACE

Des parties détachées de ce volume ont déjà
paru sous forme d'articles, notamment dans la
Revue Historique et dans la *Revue Bleue*.

Nous avons pensé qu'il nous était permis de les
reproduire, revues et corrigées, dans l'ensemble
de l'étude inédite d'où elles avaient été extraites,
à cause du double intérêt biographique et historique de cette étude.

Les admirateurs de Stendhal nous sauront gré,
nous l'espérons, de leur découvrir un côté encore
méconnu de cette physionomie si curieuse.

Les historiens pourront puiser dans notre livre
des documents sur l'Italie contemporaine que nous
croyons des plus intéressants et qui sont, en tout
cas, absolument nouveaux.

A côté d'un chapitre inédit de la biographie de
Stendhal, on trouvera donc dans les pages qui
vont suivre quelques-uns des épisodes les plus

saillants de cette glorieuse époque du *Risorgimento* dont l'Italie est justement fière.

Ces luttes, ces efforts des Italiens pour donner à leur patrie son indépendance et son unité, nous les avons suivis avec une ardente sympathie. Nous ne pouvions pas oublier que les combattants de 1831 et de 1832, les Zucchi, les Sercognani, avaient, sous la Révolution et l'Empire, versé leur sang aux côtés de nos soldats. Nous ne pouvions pas oublier quels liens étroits de race et de parenté rattachent l'une à l'autre ces deux grandes nations latines ; quels souvenirs communs unissent notre pays à cette Italie où nous comptons, quant à nous, de précieuses et déjà anciennes amitiés.

L'organisation du pouvoir temporel sous Grégoire XVI est un des points sur lesquels Stendhal a donné, dans les fragments inédits que nous publions, le plus de détails. Il serait puéril de le dissimuler : l'impression qui s'en dégage est nettement défavorable au gouvernement temporel des papes. Nous serions désolés qu'une pareille constatation contristât les âmes pieuses, dont personne ne respecte les convictions plus profondément et plus sincèrement que nous. Mais, outre que nous pensons que la chute du pouvoir temporel, chute à la fois inévitable et irrévocable, n'enlève rien au catholicisme de son prestige et de sa grandeur, notre conscience d'historien ne nous permettait ni d'altérer, ni de supprimer les documents que nous avions en main.

Ne quid falsi audeat, ne quid veri non audeat historia.

Nous devons remercier en terminant tous ceux qui ont rendu possible ce modeste travail. Sur la demande de M. Girard de Rialle, ministre plénipotentiaire et chef de la division des archives au ministère des Affaires Etrangères, M. de Freycinct, auquel les érudits n'oublient pas qu'ils doivent l'ouverture définitive du dépôt si riche du quai d'Orsay, avait bien voulu me permettre verbalement d'utiliser la correspondance diplomatique de Stendhal. M. Spuller m'a depuis accordé par écrit l'autorisation d'en publier telle partie que je jugerais convenable. M. Casimir Stryenski m'a communiqué, avec une parfaite bonne grâce, tout ce qui dans ses notes se rapportait à mon sujet. Que tous trouvent ici l'expression de ma vive reconnaissance.

Louis FARGES.

Paris, janvier 1891.

STENDHAL DIPLOMATE

I.

Succès posthume de l'œuvre de Stendhal. — Stendhal diplomate. — Ses qualités d'artiste appliquées à la politique. — Intelligence et pénétration.

Parmi les écrivains de la première moitié du XIXe siècle, il en est bien peu qui aient eu le privilège de provoquer des admirations aussi ferventes que celles qu'après sa mort a suscitées Stendhal. On aurait cru que la finesse et la profondeur psychologique de son œuvre, ses dessous très étudiés, que cache parfois une apparente négligence, devaient la rendre inaccessible à la masse des lettrés. Il n'en a rien été, et ces caractères si particuliers de son talent sont justement ceux qui ont valu sa gloire posthume à l'auteur de la *Chartreuse de Parme.*

C'était pour une aristocratie intellectuelle que Stendhal avait écrit. Lui-même avait eu soin de le dire, et comme dès lors ne pas admirer eût été se mettre hors de l'élite, le grand public a suivi le petit groupe de délicats et de raffinés qui avait apprécié l'artiste de son vivant. Il a pénétré après eux dans le sanctuaire. Le goût éclairé des uns, comme le caprice des autres, ont abouti au même résultat.

Il s'en est suivi que Beyle a été, sinon beaucoup lu, au moins beaucoup étudié. Mérimée, Sainte-Beuve, Taine, et plus récemment MM. Paul Bourget et F. Sarcey, ont tour à tour essayé de saisir, à travers la transparence d'un style clair et froid comme le cristal, les replis de son imagination ondoyante et souple. Grâce à eux, la nature intime de ce curieux esprit est apparue peu à peu dans ses traits essentiels.

Mais si l'œuvre de l'écrivain a été l'objet de nombreuses études, il n'en a pas été de même de sa vie.

Ceci est surtout vrai de ses dernières années, de 1830 à 1842. Presque tous les biographes se bornent à les effleurer rapidement. Elles comptent cependant parmi les plus fécondes, ne serait-ce qu'au point de vue littéraire, puisqu'elles voient paraître les deux maîtresses œuvres de ce grand écrivain et psychologue, le *Rouge et le Noir* en 1831 et la *Chartreuse de Parme* en 1839. .

Mais elles ont un autre intérêt. Stendhal a fini comme il avait commencé, dans les emplois publics. « A la Révolution de 1830, Roizard, qui avait vingt ans de service, était rentré dans la carrière des écritures publiques, dans le but unique d'arriver à une pension de retraite, pour laquelle il fallait trente ans de services ». Roizard ici, c'est Stendhal. Par une vieille habitude, que nous retrouvons dans sa correspondance, il se déguise sous ce nom d'emprunt dans un portrait de lui-même, resté inachevé, que cite son biographe M. R. Colomb [1]. Les écritures publiques, ce sont les fonctions de consul que Stendhal remplit à Trieste de novembre 1830 à avril 1831, puis à Civita-Vecchia de 1831 jusqu'à sa mort.

Il y a donc un Stendhal nouveau, un Stendhal

1. *Notice sur la vie et les ouvrages de M. Beyle* (de Stendhal), par M. R. Colomb, son exécuteur testamentaire. Paris, impr. Schneider et Langrand, 1845, brochure in-8°, 82 pages, p. 47. Avant la publication du *Journal* et de la *Vie de Henry Brulart*, par M. C. Stryenski, c'est ce que nous possédions de plus complet sur Stendhal comme renseignements biographiques. M. R. Colomb avait été son ami d'enfance.

diplomate qu'il est intéressant de connaître et que ne nous révèlent ni la partie de sa correspondance qui a été publiée, ni ses autres ouvrages. C'est à peine si certains passages des *Promenades dans Rome,* particulièrement les détails relatifs au Conclave qui amena l'élection de Pie VIII, ou bien encore la description de la petite cour de Ranuce Ernest IV et le personnage si profondément et si curieusement fouillé du comte Mosca dans la *Chartreuse de Parme,* nous montrent dans Stendhal un homme qui qui avait passé par la vie politique, ou tout au moins qui avait jugé utile de la connaître avant d'en parler.

Nul cependant ne paraissait mieux fait que lui pour remplir un rôle, et un rôle brillant, dans le monde de l'action. Il avait sinon tous, au moins beaucoup des dons qui font le diplomate supérieur. Ses œuvres font foi de sa pénétration, de sa connaissance à la fois intime et profonde des hommes; mais on rencontrait en outre chez lui d'autres qualités, d'autant plus rares qu'elles sont rarement associées, qui eussent permis d'en faire un de nos meilleurs agents à l'extérieur[1]. Elles méritent qu'on s'y arrête avec quelque détail.

1. Balzac l'avait bien senti. Il disait dans son fameux article

M. Paul Bourget, dans une remarquable étude
sur Stendhal, a insisté et avec raison sur ce qu'il
appelle le cosmopolitisme de Beyle. « Beyle, dit-il,
avait si bien le sentiment de ce cosmopolitisme
voluptueux, qu'il adopta comme sa devise propre
ce vers d'un opéra-bouffe, aujourd'hui oublié, mais
qu'il proclame exquis, I pretendenti delusi : Vengo
adesso di Cosmopoli. — Je viens à présent de Cos-
mopolis [1]. » Mais M. Paul Bourget n'exagère t-il
pas en présentant ce mot comme le pendant de
celui du prince de Ligne : J'ai six ou sept patries.
Certes arriver à une certitude absolue et précise
dans l'étude des sentiments intimes d'une âme
humaine est toujours difficile, et la difficulté se
complique encore, lorsqu'il s'agit d'une nature

de la Revue Parisienne sur la *Chartreuse de Parme :* « Il est
difficile d'expliquer comment cet observateur de premier
ordre, ce profond diplomate, qui, soit par ses écrits, soit par
sa parole, a donné tant de preuves de l'élévation de ses idées
et de l'étendue de ses connaissances pratiques, se trouve seulement consul à Cività-Vecchia. Nul ne serait plus à portée de
servir la France à Rome. » Si Balzac ne connaissait pas le rôle
joué par Stendhal dans l'élection papale de 1829, cette dernière phrase est un nouvel exemple de sa merveilleuse faculté
de divination.

1. Paul Bourget. *Essais de psychologie contemporaine.*
Paris, Lemerre, 1883, p. 295.

aussi mobile, aussi ondoyante que celle de Stendhal. Qu'y avait-il de réel, qu'y avait-il de convenu dans le cosmopolitisme dont il faisait montre ? Peut-être ne le saura-t-on jamais. J'inclinerais cependant à croire, peut-être parce que j'aimerais qu'il en fût ainsi, que ce sentiment était plus artificiel que sincère. Tout ce qu'on sait de Beyle nous le montre soucieux de dissimuler ses véritables sentiments, quelquefois même sa personnalité [1]. Il était de ceux qui suivent le précepte du sage : Montre ton esprit et cache ton cœur. Pourquoi son scepticisme à l'endroit de la patrie ne serait-il pas de même nature que son scepticisme à l'endroit de l'amour, scepticisme de pure apparence, qui cache mal la tendresse exquise, presque naïve, que nous signale Mérimée [2] et que certaines de ses lettres sont venues nous révéler [3].

Ce n'est pas assez de ces raisons tirées du caractère même de l'homme et de l'étude approfondie

1. « Personne n'a su exactement quelles gens il voyait, quels livres il avait écrits, quels voyages il avait faits. » (P. Mérimée, *Notes et Souvenirs. Préface à la Correspondance de Stendhal.*)

2. *Id. loc. cit.*, p. 10 et sqq.

3. V. en particulier dans le premier volume de la Correspondance les lettres XLIV et suivantes. pp. 112 et sqq..

de ses œuvres, il en est d'autres encore. Quelque indépendance d'esprit que Beyle ait puisée dans sa forte originalité, on subit toujours plus ou moins l'influence des milieux et il ne faut pas oublier que, né en 1783, il avait pour ses débuts franchi les Alpes après les bataillons qui allaient vaincre à Marengo. Toute la première partie de sa vie, ses années d'enthousiasme et de jeunesse, se sont passées à suivre la Grande Armée à travers l'Europe. Il serait difficile qu'il ne lui fût pas resté quelque chose de cette époque héroïque et que, comme tous ceux qui ont vécu dans ces temps, il n'en ait gardé au cœur le vibrant et durable souvenir [1].

Quoi qu'il en soit, convaincu ou non, Stendhal a toujours fait son devoir. Sa conduite durant la retraite de Russie et dans mainte circonstance douloureuse de la campagne de France en est la preuve ; on en trouvera d'autres, au cours même

---

1. « Et moi aussi, j'ai eu le feu sacré » s'écriait-il devant Mérimée, en lui faisant le récit de la contribution extraordinaire levée dans le Brunswick. N'a-t-il pas dit encore que ce qui seul avait droit à son intérêt, c'était : « un sentiment vrai ou l'héroïsme se sacrifiant pour la patrie. » (R. Colomb. *loc. cit.*, p. 46). Cf. *Vie de Henry Brulart* ; passim.

de cette étude. Mais, si Stendhal aimait son pays,
il ne l'aimait pas aveuglément. La largeur d'esprit
acquise par ses voyages lui permettait de comprendre sans en être choqué les mœurs des contrées
où il vivait, de les pratiquer même et de s'y créer
par cette facilité de compréhension et d'adaptation
des relations aussi sûres qu'étendues.

C'est là, on en conviendra, une qualité précieuse pour un diplomate. Stendhal en possédait
une autre.

Il avait bien saisi l'inconvénient pour un envoyé
à l'étranger, inconvénient grave surtout aux
époques démocratiques, de ne voir dans les pays
où il se trouve que la partie de la société qui prend
part au gouvernement. Certes les petits faits, le
détail journalier, les dessous de la politique cou-
rante sont ainsi mieux connus ; ils ne peuvent
guère l'être que de cette manière. Mais ne risque-
t-on pas aussi de saisir moins bien l'orientation de
la politique générale d'une nation, orientation qui,
presque partout, est à l'heure actuelle donnée par
l'opinion publique ? Ce n'est pas dans la seule
fréquentation des classes supérieures que l'on
apprend à connaître les idées sur lesquelles vit le
pays où l'on se trouve. Ces idées sont répandues le

plus souvent dans les couches profondes de la nation. Le petit bourgeois, l'homme du peuple les possèdent, inconsciemment peut-être, mais d'autant plus fortement. Elles sont l'essence même de la vie intellectuelle et morale du pays, règlent, par leur développement logique que la volonté populaire traduit en faits, la marche de son histoire et finissent en somme par imposer aux classes dirigeantes telle politique dont celles-ci croient avoir eu la première conception. De plus, la facilité des voyages, l'influence exercée sur les mœurs des hautes classes par les grands centres intellectuels et mondains tels que Paris et Londres, ont créé, par-dessus les frontières, un monde artificiel où peu de chose reste du caractère et de l'originalité propres que chaque peuple porte dans la politique et les affaires. C'est dans les classes inférieures que s'en trouvent les derniers vestiges ; c'est là qu'il faut aller les chercher. « Je voudrais faire le métier en conscience, dit Stendhal dans une de ses lettres, malheureusement il me semble qu'il faut le faire *autrement*. Nos agents *s'isolent* et ne voient rien... Ces messieurs ne voient que l'excellentissime compagnie. Moi j'ai appris mille choses en voiturin. Je viens de voyager avec un homme sage, prudent, qui s'éloigne avec ses fils. Les deux premiers jours ont été à la méfiance ; ensuite sont venues les meilleures anecdotes... Le malheur de nos agents est de vivre isolés. Ils ne voient que des gens de très bonne compagnie, par conséquent étiolés [1] ».

Stendhal pouvait, selon son expression, *faire le métier en conscience*. Le peuple et la haute société lui étaient également ouverts. Son esprit, l'élégance, on pourrait dire la recherche de ses manières et de sa mise lui permettaient d'être bien accueilli de l'*excellentissime compagnie;* sa bonhomie narquoise et fine savait lui gagner le pauvre *vetturino* des Apennins, comme les garçons de chez Battistino, le traiteur de la Scala de Milan, ou les *facchini* avec lesquels il aimait à causer, tandis qu'à demi-nus, ils déchargaient leurs ballots sur le port de Cività-Vecchia. Ce qui restait le même dans les deux cas, c'était son ironique et pénétrante intelligence, son adresse à démêler les sentiments vrais de ses interlocuteurs, tant sous la réserve polie de l'homme du monde que sous la dissimulation madrée du journalier ou du paysan.

1. Correspondance, t. II, pp. 134 et 137 et passim.

D'une rare puissance d'analyse et de pénétration, à la fois assez cosmopolite pour s'adapter à la vie du pays dans lequel il habitait et assez patriote pour ne jamais oublier les devoirs qui s'imposent au représentant d'une grande nation, capable de se faire bien venir aussi bien dans la meilleure société que parmi les petites gens, Stendhal avait donc beaucoup des qualités qui font le diplomate. La meilleure preuve que nous en puissions donner, c'est de le voir à l'œuvre.

II.

Si l'on en croit le meilleur biographe de Beyle,
M. R. Colomb, qui fut son ami d'enfance et son
exécuteur testamentaire, l'auteur de *Le Rouge et le
Noir* aurait fait ses premières armes dans la carrière diplomatique en 1810, à l'occasion du mariage de Marie-Louise et de Napoléon. « Beyle, dit-il,
dont la capacité et la discrétion avaient pu être
appréciées dans maintes circonstances, participa
aux travaux et aux négociations qui précédèrent
ce grand événement[1]. » M. R. Colomb est généra-
ralement trop bien informé pour qu'il soit possible
de révoquer en doute son assertion, mais le rôle de
Beyle dans l'affaire du mariage de l'archiduchesse

---

1. R. Colomb. *Notice biographique sur M. Beyle* (de
Stendhal), p. 25.

dut être assez peu important. Ni Thiers, ni d'Haussonville, ni Welschinger, si complets pour tout ce qui regarde cette négociation, ne prononcent son nom. Il n'est pas non plus cité dans la correspondance de notre ambassadeur à Vienne, le comte Otto, bien qu'il s'y trouve plusieurs lettres du comte Daru à la personne duquel il était alors attaché. Enfin les mémoires de Metternich, récemment publiés, sont également muets à son endroit et lui-même, dans les fragments qui nous restent sous le titre de vie de Napoléon, ne dit rien de la part qu'il prit à cette affaire.

Son rôle est plus certain dans l'affaire du conclave de 1829, qui donna le pape Pie VIII comme successeur à Léon XII. Ce rôle avait déjà été indiqué, bien qu'avec inexactitude, dans un article de M Auguste Bussière publié par la *Revue des Deux-Mondes* presque au lendemain de la mort de Stendhal[1] ; mais depuis, il a été exposé avec détails par M. R. Colomb[2], et enfin les *Promenades dans Rome* nous fournissent à ce sujet de précieux renseignements.

1. *Revue des Deux-Mondes*, 1843, t. I, pp. 250 et 397.
2. R. Colomb, *loc. cit.*, pp. 38 et 39.

Le 10 février 1829, Annibale della Genga, pape sous le nom de Léon XII, était mort après une courte maladie qui n'avait laissé à personne le temps de songer quel pouvait être son successeur. L'émotion et la surprise furent grandes. « L'agitation morale est à son comble, dit Stendhal, toutes les physionomies sont changées. Ces Italiens, qui se traînent si lentement dans les rues, aujourd'hui marchent presque aussi vite qu'à Paris[1]. »

A Paris même, l'émotion n'était pas moins vive. Tout entière engagée dans les luttes ardentes à propos de la loi électorale qui marquèrent la fin du ministère Martignac, la cour de France n'avait pas songé à cette redoutable éventualité de la mort du pape. Or, à ce moment où le combat de la congrégation et du parti libéral occupait tous les esprits, la question de savoir qui allait s'asseoir sur la chaire de Saint-Pierre était un problème à la fois de politique extérieure et de politique intérieure. Hâtons-nous de le dire, ce dernier point de vue sembla préoccuper peu Charles X et ses ministres. L'important leur parut être d'opposer un candidat à celui de l'Autriche, et d'essayer de mettre sur le

1. *Promenades dans Rome*, t. II, p. 337.

trône pontifical un pape qui fût, sinon dévoué, du moins favorable à la France. Mais quel était le cardinal qui pouvait remplir ces conditions ? C'est ce que personne ne savait. On avait peu de confiance dans notre ambassadeur à Rome, M. de Châteaubriand, et d'un autre côté on ignorait à peu près absolument les factions entre lesquelles se partageait le Sacré-Collège et les intrigues dont il était le théâtre.

Le temps pressait, le conclave devant s'ouvrir au plus tard dans quinze jours[1]. Ce fut alors qu'on s'adressa à Beyle.

A différentes reprises, il avait fait en Italie de longs séjours : il s'y était créé dans tous les partis, dans toutes les classes de la société de nombreuses relations, et après avoir, selon son habitude, beaucoup retenu, il avait consigné le résultat de ses observations dans son livre de *Rome, Naples et Florence* publié en 1817 ; on le savait de plus occupé à préparer ses *Promenades dans Rome*. Il semblait donc tout désigné pour bien renseigner la cour de France. Aussi n'hésita-t-elle pas, bien qu'il fût notoirement connu comme libéral et qu'il eût

1. Il s'ouvrit le 23 février.

fait le voyage de Grenoble en 1819, exprès pour soutenir la candidature de l'abbé Grégoire.

« L'un des familiers de la cour, ancien ami de Beyle, lui demanda s'il pouvait donner tout de suite une statistique du Sacré-Collège, accompagnée de notices sur les cardinaux papables ; il tailla sa plume et résuma, en trois heures de travail, tout ce qu'il importait de savoir sur les cardinaux influents, ou ayant chance de ceindre la triple couronne[1]. »

Nous avons vainement cherché aux archives des Affaires étrangères le manuscrit original du mémoire de Beyle. Il faudrait d'abord, pour retrouver sûrement sa trace, savoir à quelle personne il avait été remis et nous n'avons pu parvenir à découvrir ce *familier de la cour* qui se fit auprès de lui l'intermédiaire du gouvernement de Charles X. Quoi qu'il en soit, on peut à l'aide des *Promenades dans Rome* reconstituer dans ses principaux éléments la physionomie du Sacré-Collège et se faire ainsi une idée de ce qu'a du être le mémoire de Beyle.

Trois partis se disputaient le conclave : le parti-

1. R. Colomb, *loc. cit.*, p. 39.

ultra ou parti sarde « qui prétend qu'il faut gouverner l'Église et les États du pape de la façon la plus sévère[1] ; » le parti libéral et le parti du centre ou autrichien.

Dans ces trois partis, plusieurs cardinaux étaient, selon l'expression consacrée, *papables*.

Il y avait d'abord le cardinal Pacca, chef du parti ultra, auquel Beyle trouvait *une physionomie spirituelle*[2].

Dans sa faction même, le cardinal Giustiniani, qui avait été nonce en Espagne et que l'on disait ami particulier de Ferdinand VII, avait failli lui être préféré.

Le parti du centre avait pour chef le cardinal Galeffi. « C'est un homme instruit et qui aime les arts[3]. »

Dans ce même parti, le cardinal Castiglioni, grand pénitencier, autrefois lié avec le cardinal Consalvi et qui passait pour fort savant théologien et doué de toutes les vertus, avait aussi des chances, comme l'événement se chargea de le prouver.

1. *Promenades dans Rome*, t. II, p. 345.
2. *Id.*, p. 339.
3. *Id.*, p. 345.

Le cardinal Bernetti était à la tête du parti libéral et selon Beyle « le cardinal le plus raisonnable[1] ». Mais son jeune âge lui faisait préférer par la plupart le cardinal de Gregorio, fils naturel du roi d'Espagne Charles III et qui disait publiquement de lui-même : *Io sono Borbone*[2].

Tels étaient les principaux personnages entre lesquels les voix paraissaient devoir se partager[3], et sur lesquels Beyle devait désigner celui dont l'ambassadeur de France à Rome aurait à soutenir la candidature.

Partant de ce fait, que « quelle que soit l'opinion personnelle du gouvernement français, sous peine de n'être rien, il est forcément en Italie le protecteur du parti libéral[4] », il désigna le cardinal de Gregorio. On n'avait pas à faire valoir contre ce prélat la trop grande jeunesse reprochée au cardinal Bernetti et sa naissance même devait lui être un titre auprès de Charles X. Il en fut ainsi et il faut reconnaître que le gouvernement de la Res-

----

1. *Id.*, p. 335.
2. Je suis Bourbon.
3. On citait aussi comme papables, mais avec des chances moindres, les cardinaux Capellari, Opizzoni, Benvenuti, etc.
4. *Promenades dans Rome*, t. II, p. 353.

tauration, dont la politique religieuse a souvent été si déplorable et auquel son alliance avec l'autel fut si fatale, suivit ici une ligne de conduite vraiment nationale. « Charles X, dit M. Colomb, fut enchanté des notices de Beyle et adopta tout de suite le cardinal de Gregorio. Restait à prendre les mesures pour préparer son élection. La résolution suivante fut arrêtée pendant trente six heures :

1° M. A., porteur du secret, et de un million donné par le roi sur sa cassette, se rendrait à Rome pour un voyage d'agrément en traversant le Simplon ;

2° M. B. le suivrait de près, passant le Mont-Cenis ;

3° M. C. rejoindrait bientôt ces messieurs en arrivant à Rome par Marseille, la Corniche, Gênes, etc. [1]. »

Beyle eût il été un de ces trois envoyés secrets ? L'eût-on chargé de l'exécution, au moins en partie, du plan qu'il avait tracé ? C'est ce qu'il est difficile de savoir. D'ailleurs, ce projet fut aussi vite abandonné que conçu.

Notre ambassadeur à Rome était alors M. de

1. R. Colomb, *loc. cit.*, p. 39.

Châteaubriand. Il y était arrivé précédé de sa grande renommée d'écrivain et n'avait rien négligé depuis son entrée en fonctions pour maintenir le prestige qu'elle lui donnait. Il avait offert à l'aristocratie romaine des fêtes splendides. Tous les étrangers de distinction qui passaient par Rome et briguaient l'honneur de lui rendre visite étaient sûrs d'être bien accueillis [1]. Son goût pour les arts l'avait poussé à faire faire des fouilles. Il avait formé le projet d'élever un tombeau à Poussin [2].

1. On trouvera de très curieux et très piquants détails sur le séjour de Châteaubriand à Rome dans l'ouvrage posthume de M. d'Haussonville qui a paru sous le titre de : *Ma jeunesse*.

2. « On écrit de Rome, le 5 février : Son Excellence M. le vicomte de Châteaubriand, ambassadeur de S. M. T. C., plein d'un zèle éclairé pour les beaux-arts, a commencé de faire exécuter des fouilles dans les environs de Torre-Vergata, en dehors de la porte du Peuple, sous la direction de notre célèbre archéologue le chevalier P. E. Visconti. Les meilleures espérances sourient à cette noble et louable entreprise. Dès le premier jour, on a découvert les avant-corps très remarquables d'un ancien édifice, et des fragments de marbre et de porphyre rouge antique, des stucs colorés, qui, joints à d'autres indices, attestent la magnificence avec laquelle fut décorée cette fabrique, ensevelie jusqu'ici dans les souterrains inconnus d'une campagne déserte. Son Excellence a assisté avec M. Visconti, à l'ouverture des fouilles, et ayant remarqué un bloc de beau marbre statuaire, long de six palmes, et large de trois. Elle

« Il me semble, disait Stendhal, que ce personnage illustre a réussi auprès des cardinaux [1]. » On craignit à la fois de le blesser et de compromettre la bonne situation qu'il s'était acquise à Rome, en paraissant mener à son insu la plus importante des négociations, et, après réflexion faite, ce fut lui qui fut chargé de soutenir au conclave la candidature du cardinal de Gregorio [2]. Elle faillit réussir.

L'ennemi personnel du cardinal de Gregorio était le cardinal Albani qui avait le *secret* de l'Autriche et, à l'instigation du cardinal Bernetti, chef du parti libéral, on résolut de faire l'élection avant son arrivée. Le 6 mars, « le cardinal de Gregorio avait réuni les deux tiers des votes et allait être

l'a destiné à faire le buste du Poussin, qui sera placé dans le monument qu'Elle fait élever à la mémoire de ce grand artiste. »

(Extrait du *Moniteur Universel* du 18 février 1829).

1. *Promenades dans Rome*, t. II, p. 353.

2. Sur le rôle de Châteaubriand au conclave de 1829, on peut consulter les *Mémoires d'outre-tombe* qui, pour cette période, ont été rédigés presque uniquement à l'aide de la correspondance officielle de leur auteur. Châteaubriand a peut-être connu le mémoire de Stendhal. « Il y a aussi dans les cartons du ministère, dit-il, quelques notes venues par une autre voie. Ces portraits assez souvent de fantaisie peuvent amuser, mais ne prouvent rien ». (*Mémoires d'outre-tombe*. Éd. de 1849, t. VIII, p. 48.)

adoré ; malheureusement M. le cardinal Benvenuti
avait fait de l'esprit, en ajoutant une phrase ou deux
à son vote[1]. » Il fut déclaré nul et le cardinal de
Gregorio ne retrouva plus cette majorité.

Les documents officiels concordent avec le récit
de Stendhal. Ils donnent au cardinal de Gregorio
27 voix sur 42 ou 43 votants. L'élection exigeant
les deux tiers des suffrages, il ne lui en manqua
en effet qu'un seul pour être élu[2]. Le lendemain

---

1. *Promenades dans Rome*, t. II, p. 352.

2. Les extraits suivants du *Moniteur* prouvent avec quelle
ardeur la cour de France avait embrassé le choix fait par
Beyle et avec quelle vigueur elle le soutenait. « Munich, le
16 mars. — Le bruit s'est répandu, à l'arrivée d'un courrier
de la légation bavaroise à Rome, que le choix du conclave
venait de se déterminer plutôt qu'on ne s'y était attendu pour
l'élection d'un souverain Pontife, et que le cardinal Gregorio
avait réuni tous les suffrages. Ce bruit ne paraît pas être tout
à fait sans fondement, et dans l'intérêt de l'Église comme de
la politique, il est à souhaiter qu'il se réalise. Le cardinal Gregorio est celui des cardinaux qui, dans la conduite des grandes
affaires, a fait preuve de plus d'expérience, de sagesse et de
modération. L'opinion publique à Rome, ainsi que partout où
ses antécédents sont connus, désigne hautement ce prince de
l'Église comme le mieux fait pour honorer le Saint-Siège
apostolique et le Trône Pontifical (*Gazette d'Ausgbourg*). »

« Rome, le 10 mars. (Extrait d'une correspondance particulière). — Peu s'en est fallu que le nouveau pape n'ait été
fait sans les cardinaux français. Dès le premier jour des opé-

même de ce jour, le cardinal Albani entrait au conclave; selon l'expression de Beyle, tout était
perdu. Dès ce moment, en effet, le cardinal de
Gregorio, bien que conservant la faveur de l'opinion publique, vit de jour en jour diminuer ses
chances. Avec une énergie et une activité rares, le
cardinal Albani décida le Sacré-Collège à reporter
ses voix sur un des cardinaux les plus modérés du
parti du centre, le cardinal Castiglioni, qui fut élu
le 31 mars et prit le nom de Pie VIII.

Les péripéties diverses de l'élection avaient prouvé
combien Stendhal avait vu juste en engageant
la cour de France à porter le cardinal de Gregorio.
Il est probable qu'il eût été élu si l'ambassadeur

rations du conclave, le cardinal Pacca, que nous avons vu
longtemps à Paris, réunit un assez grand nombre de voix ;
ensuite, les suffrages ont été disséminés sur plusieurs candi-
dats ; enfin, vendredi 6, le cardinal Gregorio a obtenu 27 voix ;
avec une ou deux de plus, il ceignait la tiare. Les votants
étaient au nombre de 42 ou 43, et l'on sait que l'élection
exige les deux tiers des suffrages plus un. Le cardinal Gregorio est un vieillard de 71 ans, auquel on prête quelques
vieux préjugés, mais qui s'est constamment opposé à ce que,
dans les États-Romains, la direction de l'Instruction Publique
fût confiée aux Jésuites, et que l'on compte au nombre de
ceux qui ont conseillé l'approbation des ordonnances de juin ».
(*Moniteur Universel* du 25 mars 1829).

avait pu disposer d'une façon certaine du vote de
nos cardinaux. Malheureusement, et M. de Châteaubriand s'en plaint dans ses dépêches, « les
cardinaux français n'étaient pas, comme ceux
d'Autriche et d'Espagne, sous la dépendance absolue et souveraine de l'ambassadeur[1]. »

1. F. Petruccelli della Gattina, *Hist. diplomatique des
conclaves*. Paris ; Lacroix, Verboeckhoven et Cie ; 1866, 4 vol.
in-8°, t. IV, p. 378. On peut voir encore pour l'histoire du
conclave de 1829 : *Histoire du Pape Pie VIII*, par le chevalier Artaud de Montor. Paris, Ad. Leclerc, 1844, 1 vol.
in-8°.

III.

Stendhal consul à Trieste. — La contrebande à Trieste. — Ennui de Stendhal. — Metternich lui refuse l'exequatur. — Il est nommé consul à Cività-Vecchia.

Beyle avait donc, sans aucune attache officielle, joué un rôle diplomatique important et failli faire élire un pape. La révolution de 1830, en donnant le pouvoir à ses amis politiques, allait l'appeler à un emploi public, mais il ne devait jamais y rencontrer l'occasion de prendre part à une négociation d'une importance aussi grande que celle du Conclave de 1829.

Le 25 septembre 1830, il fut nommé consul à Trieste. Le premier acte de son consulat, comme il le dit plaisamment lui-même, fut d'engager Sainte-Beuve à venir passer avec lui six mois ou un an. « Vous seriez, lui dit-il, aussi libre qu'à l'auberge ; nous ne nous verrions qu'à table. Vous seriez tout à vos inspirations poétiques [1]. » Il se mit en route par Gênes et la Haute-Italie et, à peine

1. Correspondance, t. II, p. 102.

rendu, il annonçait en ces termes, au ministre, la prise de possession de son poste :

« Arrivé à Trieste, hier 25, j'ai pris aujourd'hui la gestion du consulat de France. Grâce au zèle éclairé et aux soins de M. Chevalier, gérant, j'ai trouvé dans un ordre parfait les papiers et documents de la chancellerie. Je vais m'occuper d'en dresser un inventaire dont j'aurai l'honneur d'adresser un double à Votre Excellence. »

Beyle, on le voit, prenait tout à fait au sérieux ses nouvelles fonctions. Il le reconnaît dans sa correspondance privée. « Je m'occupe beaucoup de mon métier ; il est bon, honnête, agréable en soi, tout paternel... La besogne de consul toute paternelle me plaît infiniment [1]. » Et il s'en occupait en effet, allant jusqu'à faire un voyage à Fiume pour étudier le commerce des cornes qui est la grande source de revenus du Banat et passant là cinq jours qui furent cinq carnavals [2].

L'étude de ses dépêches officielles confirme pleinement sur ce point le témoignage de sa correspondance privée. Bornées en général à des rensei-

1. Correspondance, t. II, pp. 106 et 110.
2. Id., p. 106.

gnements commerciaux, je dirais presque à des détails techniques, elles présentent cependant quelquefois des passages où se retrouvent, avec la sûreté habituelle du coup d'œil de Beyle, les qualités de sa plume alerte et incisive.

« La contrebande, écrit-il, est immense à Trieste et visible. Chaque soir, l'on rencontre à une certaine heure, dans la rue près de la porte d'Allemagne, 20 à 30 contrebandiers qui partent chargés de leur petit sac. Ces contrebandiers emportent des tissus de soye[1], lin et coton, provenant des fabriques anglaises, du café, etc., etc.

« Tout le monde connaît, à Trieste, plusieurs maisons qui s'occupent en grand de la contrebande. Ces maisons garantissent la valeur de la marchandise qui leur est confiée, en nantissant l'expéditionnaire de bon papier. Le droit qu'elles perçoivent est de 8, 10, 12 0/0 suivant la nature des objets et leur volume.

« La contrebande s'exécute aussi, mais d'une manière moins visible, par les bateaux du petit cabotage qui vont aborder en Istrie et en Dalmatie.

---

1. Nous respectons toujours dans nos citations l'orthographe de Stendhal.

« Je n'ai pu décrire, dans les états ci joints, que le commerce du port de Trieste. Le Consulat qui m'est confié s'étend jusqu'aux bouches de Cattaro, mais nous n'avons point d'agents consulaires à Zara, Raguse, Cattaro et Fiume.

« Il serait peut-être utile que le consul de France parcourût ces places où le nom français est aimé, mais où il faudrait ranimer le respect pour notre pavillon. Ces pays aiment d'abord la Russie, et ensuite la France.

« Trieste est une colonie où l'on vient faire fortune. Les circonstances actuelles m'autorisent peut-être à ajouter qu'il n'y a ici aucun esprit public. Le gouvernement n'est nullement vexatoire, la police est sage et intelligente. Les troubles d'un pays voisin ne sont absolument qu'un objet de curiosité. L'opinion de Trieste préférerait la stabilité à tout et ne demande aucun changement politique [1]. »

Mais ni les fonctions officielles de Beyle, ni les charmes d'un pays nouveau pour lui, et auquel il trouvait « tout à fait la physionomie de l'Orient » [2]

---

1. Tous les fragments de Stendhal que nous citons sans indication de sources sont *inédits*.

2. Correspondance, t. II, p. 108.

ne parvenaient à remplacer à ses yeux les relations excellentes et les amis qu'il avait laissés à Paris. Il regrettait sa société habituelle, V. Jacquemont, Mérimée, M. Victor de Tracy et sa charmante femme. Il se disait réduit à ne lire que la *Gazette de France* et la *Quotidienne* dont il dévorait jusqu'aux annonces. L'*abominable Bora* lui donnait déjà ces maux d'entrailles dont il devait tant souffrir à Cività-Vecchia. Il écrivait, le 28 janvier 1831 : « Je n'ai pas eu deux jours absolument *sans douleur* depuis le 26 novembre » [1] ; et dans une telle situation il était obligé d'écrire à Paris pour faire venir un fauteuil. Il n'y en avait pas à Trieste ! Pour se désennuyer un peu, Beyle, dès qu'il le pouvait, courait en grande hâte à Venise retrouver son ami le poète Buratti. Ils allaient ensemble entendre Velutti et le *divin* Peruchini ; puis le poète vénitien amenait son ami aux soirées de la comtesse Polcastro dont » ses vers nouveaux faisaient le charme » [2]. Mais il fallait toujours revenir à Trieste et là l'ennui et le froid ressaisissaient Beyle. « Je suis comme Auguste, écrivait-il, le 4

---

1. Correspondance, t. II, p. 114.
2. Cité par R. Colomb, *loc. cit.*, p. 41.

décembre 1830, j'ai souhaité l'empire, mais en le souhaitant, je ne l'ai pas connu... Il faut tâcher de s'accoutumer à ce manque absolu de communication de la pensée. J'ai cherché à ne pas faire une seule plaisanterie depuis mon arrivée dans cette île ; je n'ai pas dit une chose cherchant à être amusante ; je n'ai pas vu la sœur d'un homme ; enfin j'ai été modéré et prudent et je crève d'ennui [1]. »

M. de Metternich se chargea de mettre fin à cette pénible situation. Le 24 décembre, Beyle recevait une lettre du maréchal marquis Maison, notre ambassadeur à Vienne, datée du 19, annonçant que l'exéquatur lui était refusé par la cour autrichienne. M. de Metternich avait même donné l'ordre à l'ambassadeur d'Autriche en France de protester contre la nomination de Stendhal.

Les causes avouées de cette décision étaient les idées libérales que Beyle avait professées dans ses ouvrages, notamment dans *Rome, Naples et Florence* et dans les *Promenades dans Rome* qui venaient de paraître (1829). Il y en avait peut-être d'autres. Si l'on ne parlait pas encore de l'*Italia*

---

1. Correspondance, t. II, p. 103.

Irredenta, du moins l'heure paraissait propice aux mouvements populaires ; les insurrections des Romagnes et de la Pologne en étaient la preuve. Or, il entrait dans le système politique de M. de Metternich de prévenir toute occasion de troubles, si minime qu'elle fût, et cette occasion, Beyle pouvait la fournir. Les libéraux de tous les pays, en particulier les patriotes d'Italie, avaient alors les yeux tournés vers la France et la présence d'un de nos consuls, actif, intelligent, parlant presque tous les dialectes italiens, à deux pas de ces provinces illyriennes qui avaient été rattachées à notre pays sous Napoléon et au milieu desquelles notre administration avait laissé les meilleurs souvenirs, pouvait devenir dangereuse pour la puissance autrichienne. Aussi le ministre, qui s'était fait en Europe le champion et le défenseur de l'ancien régime, n'hésita pas ; l'exéquatur fut refusé.

L'impression de Beyle à cette nouvelle fut qu'il était abandonné par les personnes qui l'avaient fait envoyer à Trieste. « La première idée de ma misanthropie, dit-il, a été de n'écrire à personne. » Il se ravisa promptement et écrivit à ses amis de Paris, à Mme de Tracy en particulier, en deman-

3

dant un consulat dans un pays du Midi, Espagne ou Italie, « la chaleur, dit il, étant pour lui un élément de santé et de bonne humeur ». Palerme lui aurait plus particulièrement agréé. Il n'obtint pas ce poste, mais il ne quitta pour cela, ni le Midi, ni sa chère Italie, et, dans les premiers jours de mars 1831, il fut nommé à Cività-Vecchia.

IV.

Pour rejoindre son poste, Stendhal dut traverser toute l'Italie du nord. Sur son passage, il lui fut permis d'observer quel était l'état des choses et des esprits, et il écrivit à ce sujet de Florence quatre longues dépêches que nous avons retrouvées.

C'est le tableau de l'Italie en 1831, au lendemain de la révolte des Romagnes, qu'elles nous présentent. Elles nous donnent sur la situation à cette date l'opinion, précieuse à connaître, d'un homme qui avait pu, dès 1815, voir le mouvement se préparer et en suivre, pour ainsi dire jour par jour, les progrès cachés, mais incessants :

« Je ne sais, y disait Stendhal, si les usages du ministère permettent à un simple agent commercial de présenter autre chose dans sa correspondance que les faits politiques qui ont lieu dans son arrondissement. La gravité des circonstances semble m'indiquer qu'il est de mon devoir de communiquer, non pas des faits, je n'ai été témoin d'aucun fait important, mais les dispositions de l'esprit public qui peuvent conduire à des faits. »

C'est donc vraiment le Stendhal nouveau, le Stendhal diplomate que nous allons voir à l'œuvre. Mais pour l'apprécier et le comprendre, il nous faut rappeler brièvement les faits auxquels il fait allusion à chaque instant et les événements qui amenèrent le curieux état d'esprit dont il va nous rendre compte.

La révolution de 1830 fut le signal en Europe d'un réveil, sinon de l'esprit révolutionnaire, du moins de l'esprit d'indépendance. Au principe de la légitimité que Talleyrand avait cherché, dans l'intérêt même de la France, à faire triompher au congrès de Vienne et sur lequel la Sainte-Alliance s'était fondée, les peuples opposèrent le principe des nationalités.

A cette époque, tout ce qui professait en Europe les idées libérales avait les yeux tournés vers la France[1]. Outre que, pour beaucoup de pays, la

1. Les proscrits qui habitaient Paris parlementaient avec

Belgique et l'Italie en particulier, la conquête ré-
publicaine avait été un bienfait, on se souvenait
que c'était la France qui, la première des nations,
avait cherché à faire passer dans les faits les théo-
ries politiques des philosophes du xviiie siècle, et
on lui savait gré d'avoir à tout jamais rendu impossible un retour au vieux régime théocratique
et féodal. Ces idées, momentanément effacées dans
le trouble où les ambitions napoléoniennes avaient
jeté l'Europe, reprirent le dessus dès que l'horizon

Lafayette et les autres hommes qui, alors, étaient ou se
croyaient puissants ; chefs français ou italiens se communi-
quaient réciproquement leurs projets, s'encourageaient aux
entreprises de liberté. Il n'y avait pas de plan bien arrêté ; les
uns voulaient placer à la tête du mouvement italien les fils de
Beauharnais, les autres songeaient à mettre en avant quelque
prince italien : chacun avait son projet. Les conspirateurs des
États-Romains étaient, pour la plupart, voltairiens ou indifférents en matière de religion, sensualistes en philosophie, presque
tous constitutionnels en politique, les uns suivant les idées de
la France, les autres suivant celles de l'Espagne : unitaires ou
fédéralistes, bien peu avaient une formule politique déter-
minée, une véritable et grande pensée nationale ; la plupart
pensaient à détruire ; quant à reconstruire on y penserait plus
tard : ce qui était urgent, c'était que les prêtres et les sanfédistes fussent châtiés et dépossédés de leur odieux gouvernement. (Farini, *lo Stato Romano*, t. I, p. 27 et 28 ; cité par J.
Amigues. *L'État Romain depuis 1815 jusqu'à nos jours.*
Paris, Dentu. 1862, 1 vol. in-8°. p. 22.)

politique fut devenu plus calme, dès que la France, rentrée par les traités de 1815 dans ses limites d'avant 1789, cessa de sembler une menace pour le repos et l'indépendance des autres peuples. Aussi, à peine la nouvelle du renversement des Bourbons fut-elle connue, que le contre-coup de cet événement se manifesta dans le reste de l'Europe par trois insurrections dont les résultats furent bien différents : en Belgique, en Pologne et enfin en Italie.

Dans ce dernier pays, qui doit seul nous occuper, les doctrines libérales, d'où sortit la révolte des Romagnes, poursuivaient leur chemin presque depuis 1815. Les souvenirs de l'antiquité classique et du moyen âge, ravivés par une jeune école d'historiens et de poètes, la diffusion des sociétés secrètes qui se multipliaient, malgré la vigilance de la police autrichienne, tout contribuait à les répandre. Que l'on joigne à cela les haines soulevées par les cruautés d'un duc de Modène ou d'un roi de Naples, le mépris excité par le délabrement et le laisser-aller du gouvernement pontifical, enfin l'animosité héréditaire contre les *Tedeschi*, à peine balancée par la bonne administration des archiducs autrichiens à Florence, et l'on comprendra quels progrès elles avaient dû faire dans leur propagation souterraine. C'était à leur influence qu'on pouvait attribuer en partie les soulèvements de Naples et du Piémont en 1821, et, malgré la répression dont ils furent l'objet, elles n'en continuèrent pas moins à accomplir sourdement leur œuvre parmi les populations de la péninsule.

Aussi, dès que les événements de juillet 1830 furent connus, des corps de réfugiés piémontais s'organisèrent-ils en France, dans les départements voisins des Alpes. Mais le gouvernement sarde veillait. Il désarma les populations, mit son armée sur pied de guerre, et, tandis qu'une surveillance rigoureuse de la frontière empêchait les conjurés réunis en France de pénétrer en Italie, l'arrestation à Turin du sous-lieutenant Ribotti, de l'avocat Brofferio et de quelques autres meneurs prévenait tout développement de l'insurrection.

A Naples, il suffit de quelques promesses du nouveau roi Ferdinand II pour arrêter toute velléité de révolte. Mais à Rome la situation était plus tendue. Le pape Pie VIII était mort le 30 novembre 1830. L'interrègne nécessité par le conclave devait favoriser une conjuration. Elle eut lieu en effet. Le soir du 10 décembre, « environ quatre cent conspirateurs devaient se réunir dans les cours du Vatican, s'emparer des caisses publiques et de sept à huit cents fusils de l'arsenal, et mettre en liberté les prisonniers d'État. La ville devait s'insurger. Un des conspirateurs, d'intelligence avec la police, réussit à ajourner l'explosion du complot au 11 décembre. La police a arrêté vingt individus immédiatement, parmi lesquels plusieurs artistes, étrangers et officiers de l'armée pontificale. Louis Bonaparte, fils aîné du comte de Saint-Leu, âgé de vingt quatre ans, se trouve impliqué dans la conspiration [1] ». Le conclave comprit les périls d'une trop longue attente et, le 2 février 1831, il élut pape le cardinal Capellari, qui prit le nom de Grégoire XVI.

Sur trois points de l'Italie, en Piémont, à Naples et à Rome, l'insurrection avait donc été prévenue ou arrêtée à son début. Il n'en fut pas de même dans l'Italie centrale, à Modène et à Bologne.

On en était arrivé là, à ce « degré de mauvais gouvernement que les peuples, grands ou petits, éclairés ou ignorants, ne supportent plus » [2]. A

---

1. Dépêche du marquis de Crosa du 14 décembre 1830, citée par Petruccelli della Gattina. *Hist. dipl. des conclaves,* t. IV, p. 399.

2. Guizot, *Mémoires*, t. II, p. 292.

Modène, le prince régnant était François IV, celui-là même qui, d'après l'opinion générale, aurait servi de modèle au Ranuce-Ernest de *la Chartreuse de Parme*. Aussi ambitieux que fourbe, hanté peut-être par le souvenir de César Borgia, qui avait été, lui aussi, souverain des Romagnes, et, rêvant comme lui de faire de son petit État le centre d'une Italie confédérée sur laquelle il exercerait l'autorité suprême, il avait eu l'idée de faire servir les libéraux à ses menées politiques et s'était lié avec leur chef, Ciro Menotti. Mais le cabinet de Vienne eut connaissance de ces projets. Il en fit des reproches à François IV. Alors ce prince, qui avait d'abord signé avec Menotti un bizarre contrat bilatéral par lequel ils se promettaient réciproquement la vie sauve, prit peur et le fit arrêter avec plusieurs de ses compagnons, le 3 février 1831. Menotti ne s'était rendu qu'après un combat sanglant de cinq heures, dans lequel il fut blessé[1]. Le

1. Nous nous sommes surtout servi, pour ce récit, des ouvrages suivants : R. Rey, *Histoire de la renaissance politique de l'Italie*. Paris, Michel Lévy, 1864, 1 vol. in-12, p. 101 et suiv. — F. Henneguy, *Histoire contemporaine de l'Italie*. Paris, F. Alcan, in-18. — Élie Sorin, *Histoire contemporaine de l'Italie*. Paris, F. Alcan, 1888, in-12. — Dic-

lendemain, Bologne se soulevait en apprenant cette nouvelle, et Modène lui répondait, le 5, en forçant François IV à s'enfuir à Mantoue, tandis qu'un gouvernement provisoire proclamait sa déchéance. Aussitôt les événements se précipitent. Le gouvernement provisoire de Bologne déclara les Légations indépendantes. Ancône se rendit, le 17, à Sercognani, qui ne s'arrêta qu'à Otricoli dans sa marche sur Rome, et, dans moins de quinze jours, les insurgés se trouvèrent maîtres des deux tiers du territoire pontifical.

Ils avaient compté sans l'Autriche. Après avoir rétabli Marie-Louise à Parme dès le 25 février, les troupes autrichiennes marchèrent sur le duché de Modène qu'elles occupèrent malgré la résistance désespérée des patriotes italiens à Novi, sous le capitaine Morandi, et à Modène. Le 20 mars, le général Frimont entrait dans les Légations. Le 21, il était à Bologne, que le gouvernement provisoire avait abandonné pour se réfugier à Ancône, en emmenant avec lui le cardinal-légat Benvenuti. Le

go Soria. *Histoire de l'Italie* de 1815 à 1850. Nimes. 1861. 3 vol. in-8º. — Nicomede Bianchi. *Storia documentata della diplomazia europea in Italia dell' anno 1814 all' anno 1861.* Turin. 1865. 5 vol. in 8º.

25, il occupait Rimini, après une héroïque défense des forces italiennes, commandées par le général Zucchi et, le lendemain, Ancône se rendait, sous la promesse d'une amnistie et de réformes. Sercognani avait, de son côté, capitulé à Spolète. La révolte était vaincue.

Mais la capitulation d'Ancône ne fut observée ni par le pape ni par les Autrichiens. Zucchi et les membres du gouvernement, capturés au mépris de la parole donnée, furent envoyés en prison ou en exil, et une réaction violente, dont le malheureux Ciro Menotti et Vicente Borelli, rédacteur et signataire de l'acte de déchéance du duc de Modène, furent les premières, mais non les seules victimes, commença aussitôt. Aussi quand, à la fin de mars 1831, Stendhal partit de Trieste pour aller prendre possession de son poste à Cività-Vecchia, en traversant l'Italie, la trouva-t-il encore profondément agitée.

V.

Ce furent les habitants de la rive gauche du Pô que Beyle vit d'abord. Ils n'avaient pas pris part à la révolte. Dans cette partie de l'Italie, l'indépendance devait venir du Piémont et on a vu que là le mouvement avait été réprimé à ses débuts. Mais l'opinion, bien que gênée dans sa libre manifestation par la domination autrichienne, n'en était pas moins évidemment favorable aux insurgés.

« Tout le vulgaire du parti libéral en Lombardie, disait Stendhal, croit fermement ce qu'il désire. Partant de la supposition, apparemment erronée, que le gouvernement français a fait des promesses, on s'indigne de l'occupation de Bologne. »

Dans presque tous les endroits où Stendhal devait passer, en effet, il allait trouver cette animosité contre les Français, que les Italiens semblaient rendre responsables des échecs subis dans leur tentative prématurée d'indépendance. Le fait seul que nous cherchons toujours à faire retomber sur autrui la responsabilité des malheurs que nous attirent nos fautes, suffirait à expliquer cette injuste disposition d'esprit, mais il faut encore, pour en comprendre les causes, se reporter au temps dont nous nous occupons. Il est certain que personne en Europe, à cette date, ne pensait que la monarchie de Juillet resterait pacifique. Les souvenirs de la Révolution étaient présents à tous les cœurs. La France n'allait-elle pas recommencer à travers le monde sa propagande armée? Les gouvernements le craignaient et ils tenaient en suspicion le nouveau régime ; les peuples l'espéraient, et de là, quand ils virent le cabinet français faire des traités de 1815 la base de sa politique, naquirent leurs colères ; colères injustes, car nulle autre ligne de conduite n'était alors possible pour la France.

Dans certaines villes italiennes, cependant, la classe éclairée au moins, façonnée par de vieilles traditions et par l'histoire même de la cité à compter avec les faits, comprit cette nécessité. Il en fut ainsi. par exemple. à Venise.

« On trouve à Venise, ville épicurienne avant

tout, dit Stendhal, plus de sang-froid et de sagesse
politique que dans le reste de l'Italie supérieure.
Ainsi, par exemple, les Vénitiens ne se sont jamais
fait illusion sur Rome qu'ils apèlent (*sic*) *l'Espagne
de l'Italie*. Les soupes distribuées à la porte des
couvents, l'existence de moines mendiants qui font
société avec le menu peuple, donnent toujours au
clergé le moyen de lancer le bas peuple contre les
Français. On n'a jamais douté à Venise de la trahison
de certains chefs de la révolte de Bologne. »

Mais pour ne pas imputer à la France l'insuccès
des insurgés romagnols, Venise n'en détestait pas
moins l'Autriche.

« L'éloignement pour le gouvernement autrichien
augmente tous les jours à Venise. Le *port-franc*
qu'ils ont si longtemps et si vivement désiré a été
funeste au peu de commerce que font les Vénitiens.

« L'île de Saint-Georges, à dix minutes de distance de la place de Saint-Marc, était port-franc ;
on obtenait, par la contrebande, tous les tissus
anglais et autres dont on pouvait avoir besoin.
Quelques manufactures de verroteries et autres
objets qui existaient à Venise ont cessé presque
entièrement de travailler, depuis que cette ville

est environnée d'une triple ligne de douaniers. La misère a fait, depuis trois ans, à Venise, des progrès épouvantables. »

Malgré cette misère, Venise se taisait. Mais les autres villes du nord du Pô étaient moins réservées qu'elle :

« Padoue a déjà pour les Autrichiens une haine beaucoup plus énergique que Venise...

« Rovigo était exalté en quelque sorte par le petit combat de Rimini : « Que l'on dise encore, s'écriait-on, que les Italiens ne se battent pas ! » Et cependant ils étaient trahis de tous les côtés. On prétendait à Rovigo qu'il y avait eu mille Allemands tués à Rimini ; je croirais à peine au cinquième de ce nombre.

« Ferrare était terrifiée et semblait encore plus déserte que de coutume. Tous les bourgeois et les trois quarts des nobles sentent que *légalement* ils ont encouru la peine de mort. Le voisinage de Mantoue les fait trembler ; ils se voient déjà dans les cachots malsains de cette forteresse. Ils s'attendent à des cruautés étonnantes de la part de S. A. I. et R. Monseigneur le duc de Modène, dont l'exemple peut influer beaucoup sur le gouvernement de Ferrare. Ils ont peur du cardinal Oppizzoni. archevêque de Bologne et légat *a latere* dans les quatre légations, autrefois fort modéré et qui semble avoir changé de caractère. »

La surexcitation et la crainte devaient être plus grandes encore dans les pays qui venaient de s'insurger, à Bologne par exemple. Quand Stendhal y arriva, le 6 avril, il y avait à peine quelques jours que la capitulation d'Ancône venait d'être signée. Aussi ne faut-il pas s'étonner de l'exaltation qui s'y manifestait :

« Tous les pays parcourus jusqu'ici, dit Stendhal, semblent empreints de la froideur et du phlegme allemand, si on les compare à Bologne.

« ... On dit que l'original de la prétendue déclaration de garantie donnée par un ministre du roi est entre les mains du comte Mamiani, ministre de l'intérieur, qui n'a pas voulu signer les capitulations du traître Armandi. »

Le *traître Armandi* remplissait dans le gouvernement provisoire les fonctions de ministre de la guerre, et ce fut lui qui, en déclarant toute résistance impossible, détermina la capitulation. Sur cette trahison d'Armandi[1], Beyle donne des détails

---

1. Entré au service en 1798, Armandi, chevalier de la Lé-

intéressants. Son récit est évidemment le reflet de ce qui se racontait *sotto voce* dans les salons de Bologne :

« De cette trahison, dit-il, je ne sais absolument rien, sinon qu'elle est dans toutes les bouches. Les détails varient. Voici l'historique tel que je l'ai entendu faire par les personnes les plus dignes de foi.

« On prétend que M. le colonel Armandi a été

gion d'honneur depuis 1809, avait été fait colonel après Bautzen, et chevalier de la Couronne de fer après Hanau. Pendant les Cent-jours, il commanda le 8e régiment d'infanterie étrangère et, en 1821, fut chargé par le comte et la comtesse de Saint-Leu de l'éducation du prince Napoléon, leur fils, puis de l'administration de leurs biens dans la province d'Ancône. Il s'est défendu dans deux brochures : 1º *Ma part aux événements importants de l'Italie centrale en 1831* (Paris, 1831, in-8º) ; 2º *Précis politique sur les derniers événements des États Romains* (Paris, 1832, in-8º). Dans le Précis politique, il réduit à quatre chefs les accusations portées contre lui : « 1º d'avoir empêché l'expédition de Rome et la prise de cette ville ; 2º d'avoir agi dans les intérêts de la famille Bonaparte et favorisé ses projets ; 3º d'avoir négligé l'organisation militaire et les approvisionnements en armes et en munitions ; 4º de n'avoir pas défendu la place d'Ancône et d'avoir capitulé avec le gouvernement pontifical. » Armandi réfute très bien la première accusation, mais il est moins net sur la question de la capitulation d'Ancône et surtout il n'explique pas comment il se fait que le cardinal Benvenuti ait empêché son arrestation, demandée à ce qu'il dit par les Autrichiens, et laissé opérer celle de Zucchi.

séduit par M. le comte Saurau, ministre d'Autriche en Toscane, dont la conduite dans toute cette
affaire semble un chef-d'œuvre d'habileté. On dit
qu'Armandi est venu passer six heures à Florence.
Là, il serait convenu avec M. le comte de Saurau
de tout faire :

« 1° Pour décourager et contre-carrer le général Zucchi ;

« 2° Afin que les troupes autrichiennes pussent
occuper les états du pape sans coup férir, et surtout *sans laisser aux guérillas le temps de se former*. Les soldats autrichiens ont grand'peur des
brigands italiens.

« De retour à Bologne, Armandi fit refuser des
armes au général Zucchi, qui eut besoin d'employer
la force pour armer sa troupe. Quelques patriotes
exaltés prétendent qu'Armandi entraîna dans sa
trahison M. le comte Bianchetti, et Busi, commandant d'Ancône.

« Armandi parvint à séparer Zucchi de Sercognani ; il ôta à Zucchi le commandement des patriotes de Reggio, sans contredit les plus braves et
les plus éclairés ; Armandi retarda les fortifica-
tions de la Cattolica.

« Armandi fut effrayé du succès de Rimini ; il

craignit que les soldats patriotes ne formassent des guérillas. Il s'agissait de les décourager, de les isoler. Le combat de Rimini est du 25 mars ; dans la nuit du 26 au 27, Armandi et ses complices conclurent une capitulation avec le cardinal Benvenuti, qui n'avait pas un soldat, tandis qu'il était facile de stipuler cet arrangement avec un général autrichien. Par cette capitulation, le général Zucchi se trouva sans appui et sans point de retraite. Cette capitulation fut publiée par le président Vicini, qui la fit précéder de la notification dont j'ai déjà parlé à Votre Excellence... M. le cardinal Benvenuti, qui paraît de bonne foi, donna connaissance de la capitulation à M. le général Geppert, en demandant une suspension d'armes de deux jours. Le général allemand répondit fort bien que c'était la terreur de ses armes qui avait porté les rebelles à capituler et que, n'ayant rien promis, il continuerait à exécuter les ordres de son souverain. »

La capitulation en effet ne fut pas observée. La flotte autrichienne arrêta à la sortie même du port d'Ancône le vaisseau qui portait Zucchi et ses compagnons. Tous furent jetés en prison, et Zucchi, condamné à mort sous prétexte qu'il était déserteur de l'armée autrichienne, ne dut la vie qu'à l'empereur, qui réduisit sa peine à la détention perpétuelle.

Cette violation évidente du droit des gens était sans danger. Si la masse de la population avait vraiment partagé les idées du gouvernement provisoire, elle aurait pu opérer un soulèvement général qui eût mis en grand péril la petite armée autrichienne ; mais l'insurrection n'avait pas de racines profondes. Les mouvements de 1831, comme ceux du reste qui les avaient précédés, avaient été l'œuvre d'hommes appartenant aux classes les plus intelligentes et les plus éclairées de la population. Le peuple, au contraire, était partout le plus ferme soutien de l'absolutisme.

« Les institutions actuelles, dit Stendhal, ne peuvent compter que sur l'appui du *bas peuple*.

« Voici la progrétion (*sic*) des sentiments de la dernière classe du peuple.

« A Bologne, les troupes autrichiennes ont trouvé à la porte deux femmes et un portefaix (*facchino*) payé pour les applaudir. Le lendemain, le facchino a été tué à coups de couteau. Je n'ai pas vu le cadavre, mais le fait m'a été raconté plusieurs fois par des hommes de la dernière classe à Bologne, et ils en tiraient vanité.

« La basse classe en Toscane est tout à fait pour le gouvernement, mais rien au monde ne la porterait à se battre.

« La basse classe à Rome désire vivement tuer des libéraux et des Français. On raconte que les Transtévérins pleurent en dételant les chevaux et les voitures du Saint-Père [1].

« Un dernier fait peut aider à faire prévoir la conduite future de l'Italie.

« Depuis trois ans, toutes les petites industries rapportant 30 ou 40 louis par an, et qui faisaient vivre la petite bourgeoisie à Venise, Padoue, Ferrare, Bologne, etc., etc., sont entièrement tombées. La misère est affreuse. Je ne vois pas d'où peut provenir cette annihilation des petites industries. »

Tel était l'état du nord de l'Italie au moment où Stendhal le traversa. L'insurrection, au moins pour

1. Armandi confirme pleinement sur ce point le récit de Stendhal : « Sur une population de cent quarante mille âmes, un quart à peine des habitants est dans une position indépendante ; l'existence de tout le reste est plus ou moins liée à celle de la cour pontificale. Le caractère du bas-peuple a toujours été regardé comme fanatique, déterminé, sanguinaire et ennemi de toute innovation. Ce sont encore les assassins de Basseville et de Duphot. » (*Précis politique*, etc., p. 20.)

l'heure, était vaincue. Mais il était facile de voir que la haine des Italiens contre la maison d'Autriche devenait de jour en jour plus ardente et plus profonde, et que, malgré l'avortement de cette première tentative, ils ne renonçaient à aucune de leurs espérances. La facilité avec laquelle l'insurrection s'était propagée leur avait montré la faiblesse du gouvernement papal, et le glorieux échec de Rimini, en leur donnant confiance en eux-mêmes, leur permettait de croire au succès pour le jour où ils n'auraient plus à compter avec les mauvaises chances d'un soulèvement hâtif et peut-être avec la trahison.

VI.

Pour juger de la valeur réelle de ces espérances,
il faut connaître les pays qui n'avaient pas pris
part à l'insurrection, Florence, par exemple, où
Stendhal vint ensuite. Là, l'émotion produite par
le soulèvement des Romagnes avait fait passer tout
le pouvoir aux mains du comte de Saurau, envoyé
d'Autriche en Toscane :

« On ne peut se dissimuler, disait Stendhal, ni
les talents supérieurs de M. le comte de Saurau,
qui, depuis deux mois, conduit tout en ce pays ; ni
l'extrême complaisance que montrent pour ses
vues M. le comte Fossombroni et les trois autres
ministres de S. A. I. et R. Mgr le grand duc.

« Un détail de peu d'intérêt donne la mesure du
crédit de M. de Saurau. MM. Tito M... et Giuseppe
R..., espions de bonne compagnie du gouverne-

4

ment, semblent avoir entièrement abandonné les ministres toscans, pour suivre la direction de M le comte de Saurau. »

Le péril n'était cependant pas grand à Florence. Depuis le XVIIIe siècle, la Toscane jouissait, sous le gouvernement éclairé des grands ducs, d'une paix profonde et d'une assez grande prospérité matérielle. Les classes supérieures y étaient plus riches, plus nombreuses et plus instruites que dans le reste de l'Italie. Tout, en un mot, semblait indiquer que la révolution, si elle avait lieu, se ferait pacifiquement :

« Les prudents Florentins trouvent qu'une révolution est une chose bien chère. Ils voudraient bien que le grand-duc leur donnât sans révolte de leur part le vote annuel du budget.

« D'un autre côté, ils ont beaucoup d'amour-propre et se regardent comme les Athéniens de l'Italie. Ils ne peuvent se dissimuler que leur pusillanimité sert de point de mire aux sarcasmes des Bolonais et des Romains. La prudence toscane se dit depuis longtemps : Tôt ou tard les Autrichiens occuperont l'Italie, *il faudra les payer ;* ne vaut-il pas mieux payer les Français pour être libres que payer les Autrichiens pour continuer un régime

qui nous expose aux plaisanteries de toute
l'Italie.

« Je n'ai pas besoin d'ajouter que j'ai écouté
ces raisonnements, comme il convient à l'agent
d'un gouvernement qui, avant tout, ne veut pas de
propagande.

« La dernière raison citée par les Toscans me
semble la plus puissante à leurs yeux : ce pays n'a
point de dette publique, ils craignent que leur
prince ne les grève d'un emprunt. Il y a une
grande quantité de biens que dans le besoin on
pourrait déclarer nationaux. Tout cela d'une façon
ou d'autre... peut être donné à la branche de la
maison d'Autriche qui règne à Vienne.

« J'arrive maintenant à des détails plus particuliers ; il est évident que je n'ai pu vérifier leur
exactitude, la prudence me recommandant d'interroger fort peu, mais je crois aux faits suivants.

« A Florence, les deux tiers de la haute classe
sont pour la Constitution, mais une Constitution
comme la veulent les nobles du Piémont, avec une
Chambre des pairs fortement organisée.

« Tout ce qui n'est pas très haute noblesse voudrait suivre en tout l'exemple de la France.

« Toute la magistrature de Florence est libérale.

Le Tiers État en entier, classe riche, instruite, qui forme la vraie force de la nation, et dont l'influence remonte au règne de Pierre-Léopold, tout le Tiers État comprend la liberté comme en France.

« Tout le bas peuple de Florence est pour le gouvernement actuel ; mais, chose singulière, cette classe a peur de la bourgeoisie réunie à la noblesse et jamais ne se battra.

« S. A. R. Mgr le grand-duc, sachant bien que les deux tiers de son armée, forte de 6,000 hommes, désirent le vote annuel du budget, a formé une garde nationale, à l'époque des événements de Bologne. Cette *garde urbaine*, comme on l'appelle, n'est réellement organisée qu'à Florence. On a choisi les 4,000 citoyens les plus sages, on a soigneusement écarté tout ce qui va lire les journaux français dans les cafés, et, malgré tout le soin d'une police fort bien faite, la majeure partie de la garde nationale est pour la Constitution. « Les Autrichiens, disent-ils, viendront piller nos finances qui vont si bien ! » On n'a pas osé donner un uniforme à la garde urbaine : elle monte la garde en chapeau rond, et a, il faut en convenir, un aspect assez ridicule.

« Tous les prêtres sont contre la Constitution.

Ils ont changé de caractère depuis la révolution de Juillet. Ils ont de la chaleur, du fanatisme. Ils auraient voulu faire insulter les soldats de Sercognani qui traversaient la Toscane pour aller s'embarquer vers Livourne. (Il y a eu un essai de ce genre à Empoli.)

« Les prêtres sont peut-être les seuls habitants de la Toscane qui prônent les choses avec une certaine chaleur. On les suppose dirigés par le nonce du pape, Mgr Brignole, lui-même dirigé par M. le comte de Saurau.

« Plusieurs Florentins sont allés à Bologne pour se battre ; on cite publiquement MM. le comte Dolci, le marquis Nicolini, noble ruiné, le capitaine Gherardi, etc. »

Le reste de la Toscane, Livourne surtout, en raison de ses relations plus constantes avec la France, était sinon mieux disposé que Florence en faveur d'une Constitution, au moins plus impatient de la posséder :

« Livourne peut passer pour le chef-lieu du libéralisme toscan.

« Pise est moins bien disposée, mais pourtant organisée.

« Sienne a plus d'ardeur encore que Livourne.

4.

Ce que j'explique ainsi : il y a moins de moyens de travailler et de faire fortune, aucune carrière ne s'ouvre à Sienne pour un jeune homme qui a cinquante louis de rente.

« Pistoja fait des plaisanteries sur la grande modération des autres Toscans. Beaucoup de jeunes gens de Pistoja ont passé en Romagne dans les premiers jours de mars. »

Tel était l'état général des esprits en Toscane. Les libéraux y dominaient évidemment. Comment ne purent-ils rien faire ? C'est ce que Stendhal va nous expliquer :

« Après avoir essayé, écrit-il, de rendre compte à Votre Excellence des dispositions du pays, j'arrive aux moyens de résistance.

« Ici on aperçoit en première ligne M. le comte de Saurau, qui, on peut le dire, a seul empêché la révolution en Toscane. Personne ne résiste à sa haute impulsion. »

Nous avons déjà parlé du comte de Saurau, mais ce personnage mérite qu'on s'y arrête. Il y avait longtemps que Stendhal le connaissait, l'ayant entrevu un soir, *chez la Nina,* à Milan, alors que le comte était gouverneur de cette ville, vers 1816.

« C'est un homme de beaucoup d'instruction, disait-il de lui, et, je soupçonne, d'esprit ; je pense qu'il n'est pas né noble, ce qui l'oblige à ne pas prendre le pouvoir en plaisanterie [1]. » Le comte de Saurau était resté à Florence tel que Stendhal l'avait connu autrefois à Milan. Personnellement actif et habile, se servant avec adresse de l'influence particulière que devait avoir le représentant de la cour de Vienne auprès d'un prince autrichien, il dirigeait en réalité toute la politique de la petite cour grand-ducale. Comme nous le verrons plus loin, ce fut peut-être lui qui empêcha le grand-duc de s'entendre avec son peuple et d'octroyer une Constitution.

Aussi, contrairement à l'opinion de Balzac qui voit dans le comte Mosca « le plus remarquable portrait qu'on puisse jamais faire du comte de Metternich [2] », pensons-nous que si Stendhal a pris pour son personnage de Mosca quelques traits au célèbre homme d'État autrichien, il a dû beaucoup plus en emprunter au comte de Saurau. Nous avons d'abord sur ce point le témoignage même de Beyle qui, après avoir déclaré nettement

1. *Rome, Naples et Florence*. — Éd. de 1826, t. I, p. 88.

2. Voir le fameux article de la *Revue parisienne* sur la Chartreuse de Parme.

dans sa réponse à Balzac qu'il n'a point copié M. de Metternich, définit en ces termes son procédé de travail : « Je prends un personnage de moi bien connu, je lui laisse les habitudes qu'il a contractées dans l'art d'aller tous les matins à la chasse du bonheur, ensuite je lui donne plus d'esprit. » Cet aveu justifie bien notre hypothèse.

M. de Saurau était connu de Stendhal depuis plus de vingt ans, depuis le moment où ce dernier écrivit *la Chartreuse de Parme*. Quant à sa ressemblance avec le comte Mosca, elle est, nous semble-t-il, évidente. Chez le personnage fictif comme chez le personnage réel, c'est la même habileté discrète, agissant sans affectation et presque sans bruit ; ce sont les mêmes procédés de gouvernement, fondés avant tout sur la peur qu'il est nécessaire d'inspirer à des peuples qu'on méprise tout en les craignant. Chez tous deux, enfin, il y a même dépense de grands moyens pour arriver en somme à un médiocre résultat. Mosca use à gouverner le petit État de Ranuce-Ernest IV un génie digne de Richelieu, et le comte de Saurau déploie pour empêcher un mouvement d'éclater à Florence une astuce et une énergie qui font songer aux grands tyrans italiens du XVIᵉ siècle.

Pour se convaincre de la vraisemblance de cette idée, il suffit de relire *la Chartreuse de Parme* et de comparer le portrait du comte Mosca, tel que l'a tracé Stendhal, avec le récit suivant où, après avoir peint en quelques mots le caractère du grand-duc de Toscane et de ses ministres, Beyle nous montre le comte de Saurau déjouant, par son autorité et son habileté, les projets des libéraux, et maintenant en somme la Toscane calme et tranquille sous l'absolutisme, au milieu de la fermentation révolutionnaire qui agitait l'Italie :

« S. A. R. le grand-duc est un prince sage et rempli de vertus. » On trouve chez ce prince la timidité générale en Toscane. Un Romain, homme d'esprit, disait l'hiver dernier : « Le prince est comme ses sujets, il a peur de se noyer dans un verre d'eau. » Le grand-duc a pris pour modèle Laurent le Magnifique ; il se met volontiers en correspondance avec les hommes distingués : il voulait que M. de Lamartine passât pour son ami lors du séjour de ce dernier à Florence. On suppose que le grand-duc est jaloux de la renommée européenne de Léopold Ier. Il a empêché qu'on imprimât son éloge.

« La révolution de Bologne a profondément

irrité les quatre ministres du grand-duc, MM. Fossombroni, Corsini, Cempini et Morni. « Les Français ne veulent donc pas nous laisser mourir en paix », s'est écrié le vieux Fossombroni et il n'en est devenu que plus attentif *à décourager et lasser les mauvaises têtes*[1].

« On cite ce propos comme de lui. M. le prince Corsini, homme d'une haute intégrité, est moins ennemi de tout ce qui se distingue. Les deux autres ne comptent guère dans les affaires de haute politique. M. Fossombroni a été jaloux, dit-on, de M. le marquis Ridolfi et l'a forcé à demander sa démission. « Nous sommes vieux, disait le prince Corsini, pourquoi décourager ce jeune homme. »

« A la nouvelle de la révolution de Bologne, MM. Fossombroni et Corsini se sont unis sous la direction de M. le comte Saurau, lequel leur a, dit-on, persuadé que des libéraux français réunis en Corse feraient un débarquement vers Livourne. Effrayés et irrités, les ministres de S. A. R ont

---

1. On rapportait ce mot de Fossombroni au chef d'une division de son ministère qui se plaignait du désordre : « Vous paye-t-on le 16 de chaque mois ? — Oui ! — De quoi vous occupez-vous donc ? »

engagé ce prince, qui est fort riche, à organiser
une police qui, dit-on, pour la seule ville de Florence coûte 15,000 écus par mois, 2,000 francs par
jour.

« On a mis à la tête de la police M. Ciantelli,
homme qui pousse l'énergie jusqu'à la férocité. Ses
manières rassurent les ministres.

« Comme tout le danger venait de la bonne compagnie, il a fallu choisir des espions dans cette
classe : on cite MM. Tito M... et Giuseppe R....
l'âme damnée de lord Bengherst. On cite d'autres
noms pénibles à répéter, des gens estimés
jusqu'ici.

« On suppose, mais je ne puis le croire, que,
dans ce grand péril, tous les prêtres, à cela excités
par Mgr Brignole, se sont faits les instruments plus
ou moins dociles de M. Ciantelli.

« C'est avec une force armée décidément
corrompue et une garde nationale plus que douteuse que M. de Saurau a empêché la révolution
d'éclater.

« Je ne puis donner l'historique de cet événement ; je n'aurais pu obtenir cette confidence
qu'en compromettant le caractère que je tiens des
bontés du roi.

« Une trahison dirigée par M. M... a arrêté les libéraux au moment où ils allaient proclamer la souveraineté du peuple. On dit vaguement que M. de Saurau voulait pousser les libéraux à faire quelque imprudence afin de donner motif aux Autrichiens d'entrer en Toscane. Le gouvernement du grand-duc ignore tout ce qu'a fait M. de Saurau ; cet habile diplomate est bien loin d'accorder toute confiance à MM. Corsini et Fossombroni. Il en est de même du souverain qui, dit-on, a peur de M. de Saurau.

« Les deux grandes-duchesses, les uniques confidentes du grand-duc, croient fermement que nous sommes voisins de la fin du monde.

« Le grand duc, dans la journée du péril, disait à tout le monde : « Je suis prêt à faire les plus grands sacrifices » ; il répétait : *les plus grands sacrifices* [1]. Plusieurs centaines d'espions l'entouraient dans ses promenades.

---

1. D'après d'autres témoignages, le grand-duc aurait été beaucoup plus hostile aux réformes que ne le prétend Stendhal. « Ah ! les Toscans veulent la constitution, aurait-il dit ! Je ne la donnerai point. Vous me couperez en morceaux auparavant ! » (Guerrazzi, cité par Ch. de la Varenne, *Les Autrichiens et l'Italie*. Paris, in-12, 1859.)

« Pendant plus d'une semaine, la révolution a été sur le point d'éclater tous les jours. Toute la noblesse libérale est fâchée que le prince n'ait pas donné une charte, fût-elle *la moins libérale possible*. Avec le temps, il me semble que tout le monde s'en serait contenté. Aujourd'hui (13 avril), tout le monde est consterné des mouvements de l'armée autrichienne, qui, dit-on, va occuper même Cività-Vecchia, et ainsi environner la Toscane Le parti modéré va perdre de son crédit.

« Ce parti a applaudi au grand-duc, qui n'a pas voulu que la *Gazette* de Florence réimprimât les lois sévères portées par M. le duc de Modène.

« Au total, jamais, je pense, un prince et un peuple ne furent plus près de s'entendre. Les libéraux ne me semblent ni découragés ni désorganisés. Peut-être ils se rapprochent des Bolonais, mais M. le comte de Saurau les empêchera de s'entendre avec leur souverain. — Je prie Votre Excellence de me pardonner un aussi long oubli de ce que doit être la correspondance d'un agent commercial. »

Les faits qui suivirent prouvèrent la sûreté des renseignements de Stendhal et la justesse de ses appréciations. Si la Toscane resta calme, un nouveau soulèvement éclata dans les Romagnes en 1832. Il échoua comme celui de l'année précédente et pour les mêmes raisons.

Mais, pour bien apprécier les causes profondes de ces révoltes réitérées, c'est à Rome même qu'il faut aller, c'est le gouvernement papal qu'il nous faut connaître. Aussi bien, d'ailleurs, Stendhal va-t-il encore nous servir de guide.

VII.

A deux reprises dans ce siècle, après notre révolution de 1830, avant celle de 1848, aux débuts des pontificats de Grégoire XVI et de Pie IX, la papauté a semblé se résigner à composer avec l'esprit moderne. A deux reprises, on a pu croire un moment qu'elle allait faire de la chaire de Saint-Pierre le centre de l'unité italienne et, réalisant ainsi le rêve pour lequel avaient vécu et étaient morts tant d'Italiens du moyen âge, grouper toute la péninsule sous sa double suprématie religieuse et politique. C'est la première de ces tentatives qui a eu la bonne fortune d'avoir pour témoin Henry Beyle, observateur aussi pénétrant et aussi bien placé pour voir et juger les événements qu'il était au courant des affaires italiennes.

Dès le 27 mars 1831, quelques jours à peine après la défaite définitive de l'insurrection romagnole [1], notre ambassadeur, M. de Sainte-Aulaire, avait protesté à Rome contre l'intervention des troupes autrichiennes dans les Romagnes. « Homme d'un tact exquis et de manières charmantes, joignant à la modération dans les idées un jugement droit et une grande pénétration, M. de Sainte-Aulaire était par ses qualités personnelles en excellente situation pour plaire et se faire écouter à Rome [1]. » La France ne se borna pas, du reste, à la protestation isolée de son ambassadeur. La sévérité déployée dans la répression de l'insurrection des Romagnes et, en particulier, la violation de la capitulation d'Ancône avaient ému l'opinion. Notre gouvernement sut en profiter. D'accord avec les autres puissances européennes, il adressa au pape le Mémorandum du 21 mai pour le déterminer « à apporter dans l'administration de ses états des réformes suffisantes, sinon pour répondre à tous les désirs des libéraux italiens, du moins pour leur enlever les plus justes motifs de plainte et leurs meilleurs moyens de crédit [2]. »

Mais, comme le voyait fort bien Stendhal, ni

1. De Nouvion, *Hist. du règne de Louis-Philippe*, t. II, p. 347.
2. Guizot, *Mémoires*, t. II.

l'intervention de notre ambassadeur à Rome, ni les projets de réforme qu'on élaborait ne pouvaient aboutir à un résultat. Les patriotes italiens, en rapport avec le parti dit de l'Hôtel de Ville, dont le membre le plus influent était Lafayette et qui aurait volontiers repris à l'extérieur les doctrines de propagande armée de la Révolution, s'étaient habitués à attendre leur liberté d'une intervention française. Ils étaient convaincus que notre pays devait agir selon les inspirations de ce parti extrême dont le général Lamarque apportait à la tribune de la Chambre les revendications passionnées. Déçus dans leurs aspirations, par le triomphe de la politique de non-intervention qui prévalait dans les conseils de Louis-Philipe, ils accusèrent la France de leurs mécomptes et leurs accusations tournèrent contre eux-mêmes. En reprochant au gouvernement français de n'avoir pas tenu des promesses qu'il n'avait pas faites, en lui imputant des malheurs dont il n'était pas responsable, ils rendirent la situation de M. de Sainte-Aulaire à Rome fausse, c'est-à-dire impuissante.

Quant aux projets de réforme, leur échec eut vraiment la cause que les dépêches de Stendhal permettaient de prévoir.

L'Italie n'était point mûre pour la vie politique. Une trop grande distance séparait les classes aisées des classes inférieures. Partout ces dernières étaient le plus ferme soutien des pouvoirs existants. A Rome, le cardinal Bernetti ne crut pouvoir mieux faire que d'armer les pauvres et fanatiques habitants du Transtevere pour les opposer aux libéraux. Quant aux classes supérieures, les réformes accordées ne pouvaient les satisfaire. Subissant l'influence des idées *à priori* que le xviiie siècle avait léguées à l'Italie comme à la France, elles rêvaient un idéal de justice et de liberté qui ne s'accordait ni avec le temps ni avec le peuple pour lequel on rêvait cet idéal.

Entre une classe éclairée, avide de réformes et une population ignorante qui les refusait, la situation eût été difficile, même pour un pouvoir fort, uni et sincèrement animé d'intentions libérales. Ce n'était pas le cas du gouvernement pontifical.

« La gravité des circonstances, écrivait Stendhal, autorise peut-être un simple agent commercial à mander à Votre Excellence les nouvelles qui circulent à Florence le 12 avril.

« A Rome, le Sacré-Collège est divisé. Le cardinal Benvenuti insiste pour que Sa Sainteté reconnaisse

et maintienne la capitulation d'Ancône. Le cardinal
Bernetti, pro-secrétaire d'Etat, s'y oppose fortement. Les caisses sont absolument vides. Le gouvernement ne trouve pas d'acquéreurs pour les
biens *caméraux* qu'il met en vente. Les populations qui sont restées fidèles au Saint-Siège
insistent pour ne pas payer les impôts que la
présence des troupes autrichiennes va rendre
nécessaires.

« Le cardinal Bernetti craint que la révolution
n'éclate de nouveau. Il suppose, dit-on, qu'en cas
de guerre avec la France, les Autrichiens se reti-
reraient sur la ligne du Pô. Le cardinal Bernetti
désapprouve les sévérités déployées à Bologne par
le cardinal Oppizoni, archevêque et légat a latere
dans les quatre légations.

« On prétend que les deux partis sont aux prises
dans le duché d'Urbin. Quelques personnes soup-
çonneuses prétendent que M. le comte de Saurau,
envoyé d'Autriche en Toscane, n'est pas étranger
à ce mouvement, qui pourrait avoir pour objet de
faire entourer entièrement la Toscane par les
troupes impériales. »

L'avenir, on le voit, était gros de menaces ; l'insurrection, un instant comprimée, persistait sour-

dement. L'inquiétude, l'attente d'événements extra-
ordinaires étaient partout. « Même à Bologne, où
la révolution avait eu un caractère plus sensé et
moins démocratique, il était manifeste que l'obéissance au gouvernement du Saint-Siège n'était
point rétablie. On n'y avait point repris la cocarde
pontificale ; on y refusait de payer l'impôt pour le
compte du gouvernement[1]. » Les Autrichiens
avaient, il est vrai, repassé la frontière ; mais, devant l'attitude des populations, il était facile de
prévoir qu'ils seraient portés à la franchir de
nouveau, et cet événement devait amener plus
tard l'occupation d'Ancône par les troupes françaises, fait grave, auquel Stendhal fut mêlé, et
dont nous aurons à reparler.

1. De Barante, *Notice sur le comte de Sainte-Aulaire.*
Paris, Didot, 1856, in-8º, p. 110.

VIII.

Quelque troublée que fût la situation politique en Italie, l'énergique répression du mouvement de Bologne par les Autrichiens amena un moment de calme relatif dont Stendhal profita pour prendre possession de son poste et faire régulariser officiellement sa situation. Il était arrivé à Cività-Vecchia le 17 avril, et il avait pris le 18 la gestion du consulat. De là il alla à Rome pour obtenir l'exequatur, qui lui fut accordé le 26 avril. On avait craint un instant des difficultés du genre de celles qui s'étaient produites à Trieste, à son début dans la carrière diplomatique [1]. Il n'en fut rien et, le 30 avril, M. de Sainte-Aulaire put écrire au général Sébastiani, alors ministre des Affaires étran-

1. V. plus haut page 36.

gères, que l'auteur de *le Rouge et le Noir* avait l'agrément du gouvernement pontifical.

De Rome, où il resta quelque temps, Stendhal continua à informer le gouvernement français de ce qui se passait à la cour pontificale. Il nous la montre affolée, tantôt décidée à une réaction à outrance, tantôt préférant lasser par ses atermoiements la patience des grandes puissances, et, au fond, n'espérant rien que des armées autrichiennes.

« Le commerce de Rome, écrivait-il le 28 avril, dont je me suis rapproché, et les gens d'ordinaire les mieux informés croient au parfait accord de la cour de Rome avec celle de Vienne. Trente pièces de gros calibre auraient été débarquées à Ancône que l'on fortifierait en toute hâte. Les Autrichiens auraient le projet de venir occuper le petit fort de Cività-Vecchia. Quelques personnes vont jusqu'à supposer que le 10 mai, jour destiné par Sa Sainteté pour prendre *il possesso,* un corps de deux mille Autrichiens paraîtra dans Rome pour maintenir la police. On croit généralement que les cardinaux influents sont extrêmement irrités contre la France. Plusieurs personnes modérées désirent le retour de Mgr Capparini, qui serait élevé au poste de secrétaire d'État. On annonce comme très pro-

chaine une amnistie avec quarante noms ex-
ceptés. »

Le gouvernement du pape en voulait surtout aux
cabinets de Paris et de Londres de s'être mis à la
tête de la campagne diplomatique qui devait aboutir, quelques jours après, au Mémorandum des cinq
puissances. Il ne comprenait pas que, dans le cas
présent, ses véritables intérêts étaient identiques à
ceux de la France et de l'Angleterre, et que, plus
que ces deux États, il devait craindre de voir une
puissance *ayant du canon* intervenir à chaque
instant dans les affaires italiennes et exercer sur
la péninsule une véritable suzeraineté. La cour
romaine ne se rappelait plus les vieilles luttes du
sacerdoce et de l'empire. Si elle se souvenait
encore que le pape avait quelquefois déposé César,
elle avait oublié qu'il s'était aussi trouvé des empereurs pour disposer de la tiare. Surtout elle ne
sentait pas que le progrès des idées libérales mettait le pouvoir temporel dans la nécessité fatale de
se modifier ou de disparaître, et que c'était pour en
sauver au moins une partie que les deux nations
constitutionnelles, la France et l'Angleterre, la
poussaient à entrer franchement dans le grand
mouvement du monde moderne. C'est cet aveu-

glement de la cour romaine que Stendhal signale au ministre :

« J'ai peut-être tort, dit-il, de prendre la parole sur des objets étrangers au commerce. -

« Je profite (*sic*) de la liberté de langage que permet le bateau à vapeur pour présenter à Votre Excellence des bruits accrédités parmi les gens sages, et qui, suivant moi, méritent quelque examen.

« On ne peut se dissimuler que les cardinaux influents, plus que Sa Sainteté elle-même, regardent comme extrêmement offensante, et même quelque chose de plus, la prétention qu'ils supposent à la France et à l'Angleterre de s'immiscer dans la réforme de l'administration des États romains. « Ne nous sommes-nous pas tirés du danger tout seuls ? » répètent-ils entre eux. « Qu'on nous laisse avec une puissance qui pense comme nous et qui a du canon. »

« Ces cardinaux se proposent de lasser *la furia di questi forestieri* (l'ardeur de ces étrangers), ce sont leurs termes, par plusieurs mois de négociations sans résultats. Ces messieurs sont profondément irrités contre la France, dont le *mauvais exemple* est venu troubler la tranquillité où s'écoulait leur vieillesse. C'est absolument comme le vieux M. Fossombroni à Florence.

« Ce que j'avais l'honneur d'annoncer hier à Votre Excellence sur Ancône se confirme : les Autrichiens auraient débarqué soixante pièces de gros calibre, au lieu de trente. Sur quoi les Romains, qui vont vite en besogne, se disent : « La France va occuper Cività-Vecchia. »

« En apprenant de telles choses, je prie Votre Excellence d'être persuadée que j'ai sans cesse devant les yeux que le gouvernement du roi ne veut pas de propagande. Sans m'écarter de ce grand principe, je cherche à voir toute espèce de société, et même la petite bourgeoisie qui, étrangère au culte des convenances, appelle les choses par leur nom et parle de tout ce qu'elle sait. Ici, la plupart des personnages influents sont menés par quelque subalterne (qu'il faudrait acheter). »

Il faut reconnaître, du reste, que la situation était extrêmement difficile à Rome, plus encore que dans tout le reste de l'Italie. En Piémont, en Toscane par exemple, une partie au moins de la population était apte à profiter d'un gouvernement libéral, et les traditions mêmes des dynasties régnantes leur permettaient de faire quelques concessions. Il n'en était pas de même dans les États pontificaux. Par une fatalité qui tenait à la fois à la nature et à l'histoire de l'État romain, le seul gouvernement auquel l'Europe entière, représentée par les cinq grandes puissances, demandât officiellement des réformes, était celui auquel il était le plus difficile d'en faire. Pour réformer avec fruit, en effet, il faut de toute nécessité deux choses : un gouvernement qui ait l'autorité nécessaire pour faire accepter ses idées ; un peuple qui ait l'éducation politique suffisante pour profiter des changements faits. Or, ni l'un ni l'autre de ces deux éléments essentiels n'existait dans l'État romain. Le pape n'osait pas aller à la procession de peur d'être enlevé par les libéraux [1]. Quant aux cardinaux, « un seul homme *habet lumina*, le cardinal Micara. Un autre est excellent, un cœur vraiment rare ; mais pas l'intelligence d'un sous-préfet, Bernetti. Le reste est incroyable [2]. » Ailleurs, Beyle résume tout d'un mot : « C'est absolument la dissolution [3]. » Le peuple n'était pas plus capable de

1. Stendhal. *Correspondance.* t. II. p. 138.
2. Id., p. 137.
3. Id. p 139.

profiter des réformes que le gouvernement de les faire [1]. Stendhal le dit très nettement :

« Les Romains, que je connais depuis vingt ans, sont loin d'être mûrs pour une charte et pour l'ordre légal. La civilisation européenne s'arrête aux frontières de Toscane. Arrivé là, le voyageur voit une lieue de chemin changer tout, même l'aspect du pays. Le souverain en Toscane est cependant absolu, mais les bons règlements de Pierre-Léopold ont créé un tiers état et une opinion publique.

« Avant d'arriver à une constitution, il faut aux Romains vingt ans d'un monarque vigoureux comme Frédéric II. Comme ils sont extrêmement moqueurs, au milieu de leur barbarie, il faut imposer par de l'audace, ou l'on est ridicule et perdu. »

Il fallait cependant tenter quelque chose devant la pression exercée par les ambassadeurs des cinq grandes puissances. Voici ce que Stendhal pensait devoir être le plus facilement mis en pratique :

---

1. Il l'essaya cependant. V. dans *Raccolta delle leggi e disposizioni di publica amministrazione nello stato pontificio*. (Rome, 1835, in-8°). t. VI, pp. 117 et suiv., les règlements que le gouvernement papal édicta sur l'organisation des provinces.

« Les gens sages pensent que les réformes pro-
posables se réduiront à trois :

« 1. L'introduction d'un code raisonnable et
uniforme, celui d'Autriche ou celui de France, peu
importe. En huit jours on exécuterait les modifications nécessaires.

« Le serment est le grand moyen de la jurispru-
dence romaine actuelle, c'est une suite du droit
canonique. Il n'y a peut-être pas de pays au
monde où il se prête plus de faux serments.

« Par exemple, la loi ne reconnaissant pas le
prêt d'une somme d'argent à 5 0/0, il faut trois ou
quatre faux serments pour établir un prêt de cette
espèce.

« 2. Les délégués ou préfets sont de petits jeunes
gens ignorants de vingt à vingt-cinq ans : l'un
d'eux, ces jours derniers, ne savait pas exactement
où était la Pologne. Il est malheureusement trop
fréquent que la plus jolie femme de la ville a du
crédit sur le jeune délégué. Cette femme se croirait déshonorée *et le serait* si un de ses parents
perdait un procès. Le public voudrait que nul ne
fût délégué avant trente ans et s'il n'a femme et
enfant. Tous les délégués actuels sont pris parmi
les *Monsignori*. Les places d'administration supé-

rieure, par exemple celle de *légat à Bologne*, rece-
vraient un autre nom et seraient remplies par des
laïques de distinction ; par exemple M. le prince
Chigi.

« 3. Chaque année, on imprimerait le budget de
l'État, ce qui, après un demi-siècle, pourrait amener à discuter ce budget.

« Tout le monde est d'accord qu'aucune réforme
ne s'opérera dans ce pays hors de la vue du canon.
De là l'opinion des Romains que tout traité qui
n'est pas conclu en trois jours est manqué. »

Trois ans plus tard, même après l'occupation
d'Ancône par les troupes françaises, sur laquelle
nous reviendrons, rien n'était changé dans le gouvernement papal. Le même état d'esprit persistait ;
les mêmes réformes étaient à faire. Voici en effet
ce qu'écrivait Stendhal le 9 novembre 1834 :

« Des négociants dignes de toute confiance et qui
arrivent d'Ancône me confirment un fait simple
mais, suivant moi, de la plus haute portée. Depuis
que la présence de la garnison française et la peur
inspirée par les lettres que les officiers français
pourraient écrire aux journaux de leur pays
empêche à Ancône les injustices trop révoltantes
et les erreurs trop fréquentes des tribunaux en

faveur des personnes protégées par le gouvernement, l'esprit révolutionnaire a *diminué des deux
tiers*.

« Ce sont les propres termes des personnes qui
me fournissent cette information. Elles ajoutent : *Si
avant l'arrivée des Français, l'esprit révolutionnaire était comme dix, il n'est plus aujourd'hui que
comme trois.* Ceci fait un singulier contraste avec
Cività-Vecchia. Quand j'arrivai en 1831, deux personnes, peut-être trois, étaient soupçonnées de
tendances libérales. Aujourd'hui, il y a majorité
décidée pour cette opinion.

« Je pensais en 1824 que la Basse Italie, de Bologne
à Naples et Tarente, ne désire une constitution que
par vanité, et pour ne pas être en arrière des pays
civilisés de l'Europe, de l'Espagne par exemple.

« Des tribunaux indépendants et l'adoption des
codes français (en supprimant toutefois les articles
relatifs au divorce, à l'état-civil, au jury, etc., etc.,
travail que tout avocat peut faire en huit jours), les
codes français, dis-je, suffiraient pour vingt ans
aux besoins de l'immense majorité.... et à la tranquillité de ce pays (je ne parle pas des vœux phi-
lanthropiques).

« Si ces vérités avaient besoin de confirmation,

Votre Excellence pourrait se faire rendre un compte *exact et détaillé* de tout ce qui s'est passé pendant les dix premiers mois de 1834 à *Gênes* et à *Ancône*. La terreur règne à Gênes et une liberté fort honnête à Ancône.

« A l'époque de la révolte de Bologne, les habitants de Viterbe, pleins d'enthousiasme pour le gouvernement de Sa Sainteté, sont sortis pour se porter contre les rebelles, portant avec eux les reliques de sainte Rose, patronne très vénérée de la ville. Il y a deux mois qu'ils ont sifflé au spectacle leur délégué ou préfet, Mgr Sisto, et l'ont forcé en quelque sorte de se réfugier à Rome.

« A Cività-Vecchia on a vendu par voie d'enchères publiques l'entreprise du netoyement de la ville. L'entreprise étant restée à un juge, membre de la Légion d'honneur et le plus tranquille des hommes, que le délégué (ou préfet) n'aime pas, l'adjudication, parfaitement légale, a été cassée.

« Ce sont ces petites vexations de détail, beaucoup plus fréquentes depuis la révolte de Bologne, qui ont changé l'esprit public.

« La *justice* manque à ces peuples, c'est là le grand sujet de mécontentement. Dans la partie méridionale des Etats de S. S., de *Spolète* à *Terra-*

cine, on suppose que le tribunal de la Rote (si célèbre par l'arrêt Lepri rendu contre l'intérêt de Pie VI, dans une cause où il s'agissait de cinq millions de francs), est le seul qui distribue la justice entre particuliers avec l'impartialité désirable.

« Or, dans ce pays, pour gagner un procès il faut deux sentences semblables, conformes. Donc un plaideur haï par le pouvoir, ne peut jamais gagner son procès, car en supposant que la *Rote* lui donne gain de cause, le Tribunal de première instance, notoirement influencé et souvent vendu, l'empêchera toujours d'arriver à une issue favorable en décidant contre lui. On peut citer dans ce genre, en qualité de causes célèbres : 1º le procès du marquis Potenziani (sujet romain, grand propriétaire en Corse) pour un marais qu'il desséchait; 2º un second procès du même pour une digue près de Rietti qui, sous le nom de *Causa del Istmo,* a fait beaucoup de bruit cet été, et tant de bruit qu'après trente-six heures l'injustice a été réparée.

« Le résultat de la présente lettre est donc ceci :

« Si les puissances veulent la tranquillité des Etats de Sa Sainteté pour vingt ans, il suffit : 1º d'établir les Codes français ou au moins les Codes autrichiens en vigueur à Milan (le *Giudicio*

Statario, qui pend un assassin en vingt-quatre heures, serait excellent pour Rome). 2° Il suffit de nommer des juges à vie et de ne jamais employer un juge dans sa patrie ; on avait recours à cette dernière mesure à la fin du moyen âge. Il faudrait désigner les juges parmi les riches propriétaires. A Cività-Vecchia on trouverait des juges dans cette classe en les payant 50 écus (ou 270 francs par mois). Quelle que soit la vertu d'un Monsignor, comme il désire de l'avancement et vise au Cardinalat, il n'est pas propre à être juge dans un pays où une grande moitié des propriétaires est haïe par le gouvernement... Le gouvernement a écrit à la municipalité de Cività-Vecchia pour l'engager à faire venir une troupe de comédiens. On veut, disent les gens du pays, que les officiers de la corvette sarde s'amusent. »

IX.

Au moment où Stendhal, en venant de traverser l'Italie, allait prendre possession de son poste à Cività-Vecchia, le mouvement libéral de la Péninsule paraissait donc très compromis. Aux deux extrémités du pays, à Turin et à Naples, il avait été réprimé dès le début; à Rome, il était impossible. Restaient les Romagnes. Là, l'atrocité de la répression, la haine contre les Autrichiens pouvaient faire prévoir un nouveau soulèvement, et Stendhal nous l'annonce par avance:

« La haine pour la domination autrichienne semble redoubler dans la haute Italie. Tout ce qu'il y a de jeune et de marquant par la naissance, les richesses ou les lumières *se croit* compromis et prête à M. le duc de Modène les intentions les plus sévères. On croit que les biens de soixante et un de ses sujets sont déjà confisqués.

« On frémit à Bologne du sort qui attend M. le professeur Orioli et les quatre-vingt-dix-sept autres patriotes pris avec lui dans les eaux d'Ancône et conduits à Venise[1].

« La non-ratification de la capitulation d'Ancône rend presque probable une chose extrêmement absurde, c'est un soulèvement des légations. Tout ce qui est bien élevé, tout ce qui a de l'influence à Bologne, Reggio, Rimini, etc., croit avoir mérité la peine de mort de la part des autorités papales. La haute société, dans les pays révoltés, dispose du bas peuple. Par exemple, M. Gardabano, de Pérouse, qui vient, je crois, de s'embarquer à Livourne et qui possède une fortune de plusieurs millions, jouit dans sa patrie d'une influence presque illimitée.

« L'Italie centrale ne pourrait être pacifiée que par une mesure dont je ne prétends nullement juger la possibilité politique : une amnistie de Sa Sainteté garantie par la France.

---

1. V. plus haut, page 56.

« M. le cardinal Oppizzoni, légat a latere à Bologne, agit avec une sévérité extrêmement impopulaire. Cependant, il a cru devoir prendre un arrêté en 47 articles le 30 mars dernier, par lequel il organise la justice civile et criminelle d'une façon un peu plus raisonnable que par le passé. M. le cardinal Oppizzoni supprime les tribunaux fiscaux. Il a compris qu'il n'avait pas à Bologne et dans les légations une force militaire bastante pour rétablir l'ancien régime avec tous ses abus. On assure à Bologne que Sa Sainteté prétend, ce semble avec raison, que M. le cardinal Oppizzoni a outrepassé ses pouvoirs. Par exemple, le cardinal a supprimé de certains juges appelés *assesseurs* et dont le brevet de nomination était signé de la main du pape.

« Le nouveau code en quarante-sept articles donné par M. le cardinal Oppizzoni peut être irrégulier dans la forme, mais au fond il est nécessaire à la pacification de Bologne.

« La tranquillité de la Toscane ne sera assurée que lorsque S. A. le grand-duc se sera déterminé à des concessions apparentes ou réelles. J'ai toujours devant les yeux l'intention formelle du ministère du roi qui ne veut pas de propagande. Mais, sans compromettre en rien les convenances, j'ai obtenu sur l'état actuel de l'Italie une foule de détails que je m'empresserai de mettre sous les yeux de Votre Excellence, si elle le juge convenable. »

Les événements devaient une fois de plus prouver la sûreté du jugement de Stendhal, et il allait faire de son consulat de Cività-Vecchia un poste d'observation d'où nous pourrons suivre avec lui le second mouvement des Romagnes et les faits qui précédèrent et amenèrent l'occupation d'Ancône.

Dans sa nouvelle résidence, dans ce « village de sept mille quatre cents habitants ressemblant réellement beaucoup à Saint-Cloud[1], » il allait être à même de voir mieux qu'ailleurs, mieux qu'à Rome même, les procédés d'administration du gouvernement pontifical. Les sujets d'observation ne lui manqueront pas. La nouvelle insurrection de 1832, dont le contre-coup se ressentit jusque dans les environs de Rome, l'occupation d'Ancône par les troupes françaises, les ravages du choléra, voilà quelques-uns des événements qui remplissent cette période. Aussi la correspondance de Stendhal n'est-elle pas seulement consacrée aux renseignements commerciaux et aux affaires particulières du

1. *Correspondance*, t. II, p. 134.

consulat. Parfois il expose dans son style si net le fonctionnement et les travaux du conseil provincial de Città-Vecchia.

« ... Pour ne pas garder un silence absolu, je prends le parti d'adresser au ministère quelques détails sur la dernière session du conseil provincial de la délégation de Città-Vecchia.

« La session a commencé le 4 janvier dernier ; la septième et dernière séance a eu lieu le 20 du même mois.

« En exécution du *Motu proprio* du 5 juillet 1831, le conseil provincial de Città-Vecchia se compose de quatre conseillers et est présidé par le délégat ou préfet (actuellement monseigneur Peraldi, natif de Corse). Les villes de Città-Vecchia, Corneto, La Tolfa et Manziana ont nommé chacune un de ces conseillers.

« Le conseil ainsi composé, s'est occupé de cinq choses :

« 1º Il a approuvé le *Consuntivo* ou *Compte des dépenses* de 1833. La province a dépensé 8,000 écus romains, ou francs 43,478. On a arrêté le budget de 1835, qui s'élève à 11,000 écus ou francs 59,780.

« Le conseil a admis toutes les dépenses proposées par M. l'ingénieur pour l'entretien des routes qui sont à la charge de la province.. On a voté les fonds nécessaires pour la continuation de la route de Montalto. La confection de cette route terminera la nouvelle communication de Rome à Pise, par la plaine voisine de la mer et sans une seule montée comparable à celles de Viterbo, Radicofani, San Corciano, etc. Cette route de Pise à Rome par Cività-Vecchia abrègera de dix heures le voyage de Paris à Rome et Naples. On a adjugé les travaux qui restent à exécuter entre Corneto et Montalto ; cette route sera praticable dans deux ans. Mais Viterbe réclame, et il sera difficile d'obtenir l'établissement des postes de Corneto à Orbitello (Toscane). La route d'Orbitello à Pise est terminée d'une façon convenable. 2º Depuis environ deux ans, la province de Cività-Vecchia a fait sa portion de la route qui doit conduire à *Toscanella,* mais la province de Viterbe que traverse la fin de cette route n'y fait point travailler. Le Conseil a adressé une réclamation à ce sujet à la secrétairerie d'Etat ; il demande que la province de Viterbe soit invitée à faire sa part de la route de Toscanella.

« 3º La province de Cività-Vecchia a été chargée de certaines dépenses faites pour la *Via Cassia* qui conduit à Orvieto, et elle ne retire aucun avantage

particulier de cette route. Sa Sainteté a été sup-
pliée de donner les ordres nécessaires pour que la
province soit exonérée de cette charge ou de lui
permettre de porter sa cause devant les tribunaux.

« 4° Les chars sur lesquels on transporte des
bois de toute nature, de Vetralla au rivage de la
mer, près Montalto, dégradent les routes d'une façon
sensible. Le Conseil désire que ces chars soient
assujettis à avoir des roues d'une certaine largeur, ou demande l'autorisation de leur faire
payer un droit de passage (dazio).

« 5° Le Gouvernement a demandé que la province
fît construire une nouvelle prison à Cività-Vecchia.
Le Conseil a déclaré que cette dépense devait être
supportée par le gouvernement et non par les
provinces. Dans toutes ces délibérations, l'avis de
M. le président l'a toujours emporté. L'établissement
des Conseils provinciaux peut devenir fort utile.

« Depuis plus d'une année, ce pays est désolé par
la sécheresse qui a fait perdre au moins un ou deux
millions. J'ai cherché à faire connaître l'existence
des puits artésiens, mais la majorité est encore
loin d'y croire et le Conseil ne s'est pas occupé de
cette idée.

« Je suis, etc. »

6.

Une autre fois, c'est par le récit d'une affaire particulière, finement tournée en anecdote, que Stendhal résume les rapports des gouvernements entre eux et avec leurs administrés.

« La conduite des autorités de Cività-Vecchia a un peu changé à notre égard depuis la présence dans ce port de la corvette sarde l'*Aurore*. L'*Aurore* porte 22 canons et 130 hommes; elle est arrivée ici le 6 octobre dernier, ainsi qu'il en a été rendu compte à Votre Excellence par la dépêche du 6 octobre (n° 2); elle n'a pas quitté ce port. Une frégate napolitaine est restée en panne devant ce port les 18 octobre et 22 novembre derniers pendant quelques heures. Depuis, elle n'a plus été aperçue. On suppose généralement que le gouvernement de Sa Sainteté redoute un débarquement de la part des libéraux expulsés de ses États. Indépendamment des circonstances générales, aucun point de débarquement ne saurait être plus mal choisi. Cività-Vecchia est une ville de commerce; l'envie de gagner de l'argent y éclipse presque entièrement les penchants politiques. La population aime la France parce que le gouvernement français dépensait 10,000 fr. par semaine à Cività-Vecchia du temps de l'empire, elle a de l'éloignement pour le gouvernement de Sa Sainteté parce que ce gouvernement recueille l'argent des impositions et ne fait aucune dépense, pas même celles nécessaires à l'entretien des routes. Les petites villes voisines, telles que Corneto, chez lesquelles les sentiments politiques ne sont pas étouffés par l'attention soutenue que demandent les projets commerciaux, ont une couleur politique beaucoup plus prononcée et parlent sans cesse de réformes qu'elles n'obtiendront jamais. Les gens les plus sages se réduiraient à demander une réforme dans l'administration des finances. Le gouvernement de ce pays a trouvé un homme fort capable, c'est monseigneur Galanti. On a donné à monseigneur Galanti une place secondaire au *Tesorierato* (ministère des finances) ; en peu de mois, il a augmenté de deux cent mille écus (l'écu à 5 fr. 35, environ onze cent mille francs) le produit net des impôts. Mais monseigneur Galanti n'a pu arriver à ce résultat sans supprimer une quantité de vols. Les voleurs se sont réunis ; on a crié contre lui ; maintenant il n'a aucune autorité. On ne lui a laissé que ses appointements, environ 200 écus par mois.

« Je reviens aux preuves détaillées du changement

de conduite des autorités de Cività-Vecchia à notre égard depuis le 6 octobre dernier, jour d'arrivée de la corvette sarde l'*Aurore*. Je me contenterai de rappeler à Votre Excellence les mauvaises difficultés faites à M. Charbonnel, négociant de Marseille, dont il a été rendu compte au ministère par la dépêche du 2 novembre dernier.

« L'affaire du malheureux soldat Course a donné une nouvelle occasion de se manifester à cette mauvaise volonté. Course, déserteur, vient d'être dégradé et condamné aux galères, d'où j'espère le tirer et le renvoyer en France. L'an passé, je n'avais pas l'habitude de rendre compte de ces petites affaires à Votre Excellence. Je donnerai dorénavant plus d'étendue à ma correspondance.

«Course, Français, âgé de 28 ans, est né à Besançon d'après sa déclaration insérée au procès-verbal dont j'ai copie. Enrôlé dans les troupes de Sa Sainteté en garnison à Cività-Vecchia, il a déserté il y a quelques mois. Arrêté bientôt après, à peu de distance de la ville, par un détachement de soldats, Course ne se rendit qu'après avoir résisté quelque temps et lancé des pierres aux soldats. Course a été mis dans la forteresse. A cette époque, comme j'allais expédier pour Toulon un bâtiment chargé de pozzolane, j'ai demandé au commandant de la place, M. Pittoni, s'il voulait se défaire de cet homme en l'éloignant du pays, et j'ai proposé de le renvoyer en France. J'espérais réussir : le commandant Pittoni écrivit à Rome à M. le général Resta; celui-ci répondit qu'il fallait s'adresser à Son Excellence le secrétaire d'État et que de son côté il n'y avait aucune opposition pour le renvoi de ce Français.

« L'affaire avait pris une tournure favorable quand malheureusement j'ai appris que Course faisait tapage dans sa prison et proférait des paroles offensantes pour la personne de Sa Sainteté ; et cela de façon à être entendu de tous les individus qui entraient et sortaient de la forteresse. Ce nouveau délit donna lieu à un rapport qui fut adressé à l'autorité supérieure.

« Je suspendis mes démarches, craignant paraître porter trop d'intérêt à un homme qui, après un délit de désertion, se rendait encore coupable de graves injures envers tout ce qu'il y a de plus respectable. Le Tribunal Criminel vient de prononcer sur l'affaire de Course. Il a été condamné à un an de travaux forcés et dégradé hier 16 janvier ; incessamment il sera transféré aux galères de Cività-Vecchia. »

« J'ai obtenu ce matin un sursis de quelques jours ; Course, qui a eu la fièvre, sera transféré à l'hôpital. Je me suis hâté d'écrire à Son Excellence M. le marquis de Latour Maubourg, ambassadeur du Roi à Rome, pour le prier de demander à Son Excellence M. le Cardinal Secrétaire d'État que Course me soit remis pour être renvoyé en France par le premier bâtiment français. Il y a lieu de penser que le gouvernement de Sa Sainteté, pour ne pas faire les frais de la nourriture de Course pendant une année, ne refusera pas de le rendre. Course n'a point volé ; sa conduite en ce pays-ci ne montre point un mauvais sujet ; il est affecté de *nostalgie* et désire revoir la France. »

« Avant la présence de la corvette sarde l'*Aurore* j'ai tout lieu de penser que Course n'aurait été condamné qu'à deux ou trois mois de prison. Les effets de la peur extrême que la France cause aux gouvernements d'Italie ne peuvent être balancés que par une peur plus immédiate, comme serait la présence d'un brick français qui, deux ou trois fois par an, montrerait notre pavillon à Civita-Vecchia. Les libéraux du pays, comme le gouvernement, s'exagérant leur importance réelle, croyent également à la possibilité d'un débarquement d'exilés ou même d'un débarquement de troupes françaises. Quelques efforts que je fasse pour démontrer indirectement et avec toute la prudence convenable l'absurdité de ces bruits, ces efforts n'amènent aucun résultat. Les sujets de Sa Sainteté ne pouvant lire aucun des journaux français qui sont écrits dans le sens de leurs opinions, se figurent toujours que l'univers ne s'occupe que de l'Italie et que chaque mois va amener quelque grand événement.

« Le Conseil provincial de la délégation de Cività-Vecchia est assemblé depuis deux jours ; je sais ce qui s'y passe, et par le prochain bateau à vapeur j'aurai l'honneur de mettre les opérations de ce Conseil sous les yeux de Votre Excellence. »

« Je suis, etc. »

A côté de ces détails, d'autres du même genre sur le commerce des États romains, le mouvement du port de Cività-Vecchia et l'importante foire de Sinigaglia, cette correspondance renferme en outre sur des faits de politique générale des dépêches d'un extrême intérêt. Les mœurs politiques et les finances de l'État romain en particulier y sont étudiées de très près.

Elles avaient tout d'abord attiré l'attention de Stendhal. Dès son arrivée à Cività-Vecchia, en effet, il avait trouvé la ville mécontente et irritée. « Une sorte de terreur panique s'est emparée de toute la classe bourgeoise de ce pays-ci. Elle ne doute pas d'avoir à subir tôt ou tard des châtimens terribles et qu'elle croit mérités. Les employés surtout, les seuls qui puissent fournir des renseignements, redoutent toute relation avec les agens français.... J'ai trouvé en arrivant à Cività-Vecchia, le 18 avril, que la peur avait à peu près rompu toutes nos correspondances.... Je prie Votre Excellence de ne pas douter du zèle avec lequel je chercherai toujours à donner à ma correspondance tous les développemens possibles.

« Cività-Vecchia est une petite ville de 7,500 habitans, dont 4,000 manouvriers ou pêcheurs. L'ignorance de cette population n'est comparable qu'à la peur qu'elle a, dans ce moment, de se compromettre par des relations avec des Français. Ce n'est qu'à Rome que je puis trouver les renseignements qu'il est de mon devoir de faire parvenir à Votre Excellence. »

Les causes de cette situation étaient inhérentes à la déplorable administration des États du pape qui parvenait, à force de maladresse et d'aveuglement, à se rendre hostiles des populations primitivement dévouées.

« Tout ce que j'ai à vous dire, mandait Beyle, peut se résumer en une phrase. La tranquillité de l'Italie sera troublée si le gouvernement de Sa Sainteté n'a pas une force étrangère qui prenne soin de lui. Ce gouvernement se trouve vis-à-vis d'une population irritée, il n'a point d'argent, point de crédit, point de troupes et ne veut pas faire de concessions. »

Ce qui était vrai de l'ensemble des États de l'Église l'était plus encore de ce que l'on pourrait appeler les environs directs de Rome. Là le gouvernement papal avait trouvé moyen de s'aliéner lui-même les nombreux partisans qui lui restaient encore.

« ... Dix mille libéraux, écrivait Beyle, débarqueraient à Cività-Vecchia qu'ils ne verraient pas leurs troupes s'augmenter d'un seul homme. On peut dire en général que les idées d'insurrection, dont le centre est à Bologne, ne s'étendent pas du côté de Rome au delà de Pérouse et de Spolète. Rome et ses environs vivent : 1º au moyen d'appointements et de pensions payées par le gouvernement ; 2º au moyen de profits plus ou moins légitimes et tous au détriment du trésor public ; 3º en bénéficiant sur les étrangers qui viennent visiter ses antiquités. Il est évident pour tous qu'un gouvernement constitutionnel diminuerait infiniment les deux premières sources de revenu de la plupart des familles.

« Tout inspire des méfiances au gouvernement actuel ; il voit, par exemple, de fort mauvais œil les riches Anglais qui viennent à Rome *deux années de suite*. M. le cardinal Bernetti a repris le premier crédit, mais ce ministre a trop d'esprit pour s'arrêter à combattre toutes les absurdités qu'il voit passer. J'ai lieu de croire qu'il désapprouve autant que personne tout ce que fait à Cività-Vecchia Monseigneur P.., Délégat ou Préfet de la province.....

« Mgr P..., 42 ans, Corse, d'une famille attachée au parti du général Paoli et qui par conséquent a souffert dans sa fortune, s'est fait connaître par des écrits sur le culte de la Sainte-Vierge. C'est un homme qui a beaucoup de vanité et de petitesse d'esprit ; il ne voit dans l'autorité que les privilèges honorifiques qui l'accompagnent. Mgr. P...est d'une vivacité excessive, il est ici brouillé avec tout le monde ; il met en liberté les criminels condamnés par les tribunaux ; ses mesures administratives manquent, dit-on, de prudence et de racion (*sic*).

« Deja, deux ou trois fois, les notables habitants ont demandé son changement à Rome, mais il est

protégé directement par Sa Sainteté et recommandé
par M. le comte Pozzo di Borgo.

« ...On croit que Mgr P... allarme indirectement
Sa Sainteté par les articles qu'il fournit à la *Voce della
Verità* (journal curieux imprimé à Modène), toujours
sur des prétendues décentes (*sic*) des Libéraux.

« .... L. L. E. E. Messieurs les cardinaux Bernetti, ministre des Affaires étrangères, et Gamberini, ministre de l'intérieur .... sont contraires
à Mgr P... ; mais ce prélat paraît soutenu directement par Sa Sainteté elle-même et par deux conseillers secrets et fort puissans. M. Bernetti a trop
de philosophie et M. Gamberini trop peu de pouvoir, pour s'opposer au crédit du confesseur du
Pape, moine camaldule, d'une piété sincère, mais
facile à tromper, et de S. E. M. le cardinal Zurla,
vicaire, et ami intime du Pape depuis 20 ans.

« Mgr P... est protégé, en sous-ordre, par
Mgr Strambelli, (50 ans, homme adroit), employé
auprès de S. E. M. le cardinal Fesch. On suppose
que c'est Mgr Strambelli qui a procuré à Mgr P...
la haute protection de M. le confesseur du Pape et
celle de M. le cardinal Zurla.

« En décembre 1833, il y avait sur la table du
Pape une dénonciation contre Mgr P..., laquelle

pouvait avoir des suites fâcheuses. M. le cardinal
Zurla vit cette dénonciation, la prit à l'insu de Sa
Sainteté, et en fit donner une copic à Mgr Strambelli, ce qui a dû donner à Mgr P... les moyens
de se justifier......

« Cività-Vecchia a espéré il y a quelques jours,
que Mgr P... serait nommé à la délégation de
Macerata, mais ce prélat annonce que, sensible à
l'amour des habitans de Cività-Vecchia, il a refusé
cette nouvelle destination. Une chose également
positive et ridicule, c'est que, lorsque dans Cività-
Vecchia, l'on entend le bruit de la voiture de
Mgr P..., tout le monde entre dans les boutiques
et cherche à se cacher. Ce fait a frappé messieurs
les officiers de la corvette sarde ; ces officiers, au
nombre de six, ont l'air intelligent.

« Il est fort probable que ces détails vrais, mais
peu importans, sembleront à Votre Excellence à
peine digne d'être lus. Je suis, etc.

« P. S. Une lettre de Rome en date du 20 janvier
annonce le rappel de Mgr P.... »

« .... Le Conseil provincial de la Délégation de
Cività-Vecchia a terminé sa session le 25 janvier
après six séances. J'ai l'honneur de mettre sous les
yeux de Votre Excellence une note sur l'organisa-

tion des Conseils provinciaux par l'édit du 5 juillet 1831. Cette note se termine par l'indication des impôts que paient les terres et les maisons des villes, dans la province de Cività-Vecchia.

« L'édit du 5 juillet 1831 amènerait des résultats avantageux dans un pays où les sujets jouiraient d'une certaine indépendance. Mais ici les sujets sont retenus sous l'autorité du Délégué par tout le reste des institutions et des usages. Voici un exemple. Il y a trois jours que M. le Délégué a écrit à M. le Président du tribunal de Cività-Vecchia : « Vous savez, Monsieur, que j'ai chassé trois de vos prédécesseurs qui s'étaient acquis une sorte de crédit parmi les juges ; que ceci vous serve de règle. » Ce Président, fort pieux, homme de l'extrême droite, se présente trop rarement à ce qu'il paraît chez M. le Délégué.

« Une autorité qui s'exerce ainsi sur le chef de la justice, que ne pourrait-elle pas faire contre un simple conseiller provincial ? Je ne puis donc voir aucune sorte d'indépendance dans les fonctionnaires de ce pays.

« Le Conseil provincial s'occupe activement de la route de Cività-Vecchia à Orbitello par Montalto, parce que M. Guglielmi, député de Cività-

Vecchia, homme actif et qui, par la culture du blé, s'est fait une fortune d'un million d'écus (5,350,000 francs), possède à Montalto une terre d'un million. Ici l'intérêt particulier s'est rencontré avec l'intérêt réel de la province et de l'État.

« D'ici à quelques années la grande route de Rome à Paris passera par Cività-Vecchia, Montalto, Orbitello, Grosseto, Pise, Gênes, etc. Cette route qui, jusqu'à Grosseto, suit le bord de la mer, n'offre pas de montagnes. On évitera ainsi les longues montées de Viterbo, Radicofani, etc.

« S. A. R. M. le grand-duc de Toscane, qui soigne avec une rare application les travaux des Ponts et Chaussées de ses Etats, a fait terminer la route de Pise à Orbitello.

« Le gouvernement romain doit : 1° faire tracer la route de la frontière de Toscane à Montalto, laquelle est impraticable pendant quatre mois d'hiver. 2° faire perfectionner la route de Montalto à Cornetto. La route de Cornetto à Cività-Vecchia est magnifique ; celle de Cività-Vecchia à Rome est passable et ne demande que des dépenses d'entretien. La dépense d'établissement de la route de Montalto à la frontière de la Toscane est évaluée à 30,000 écus (160,500 fr.).

« La réparation de la route de Cornetto à Montalto est évaluée à 22,000 écus (117,700 francs). On
y a dépensé, en 1833, 3,500 écus ; on dépensera, en
1834, 4,000 écus.

« On est entré ici dans des détails bien minu-
tieux en apparence, mais de ceux-ci et de cent
autres que l'on pourrait ajouter sur l'administration de la justice, sur celle des revenus des communes, etc., etc., il résulte cette vérité : que
toute réforme *partielle* dans ce pays-ci n'est en
effet qu'une cérémonie sans réalité et peut-être un
leurre pour qui y croirait. Il faut observer que l'on
se permet, dans les environs de Rome, des choses
qui ne seraient pas hasardées à Bologne et autres
pays où la levée de boucliers de 1831 a donné
plus de hardiesse aux esprits. A Bologne, un préfet ou délégué ne mettrait pas en liberté, de son
autorité privée, un coupable condamné à la prison
par les juges. On ne forcerait pas une commune
à voter 6 ou 8,000 francs pour meubler le palais
d'un cardinal évêque titulaire, qui paraît dans
cette commune une fois tous les trois ans. »

« .... Les propriétaires des environs de Rome
sont agités par l'annonce d'une augmentation de
l'impôt foncier. La campagne de Rome est divisée

entre cent propriétaires environ dont 30 ou 35 mainmortes, comme Saint-Pierre, l'hôpital du Saint-Esprit, etc., etc.

« Lorsque les estimations du cadastre ont été faites, les mainmortes, qui ont joui de toute faveur auprès des trois ministres des finances (tesorieri) qui ont suivi la restauration de Sa Sainteté, ont obtenu que l'impôt de la campagne de Rome fût établi sur le revenu que le propriétaire reçoit du fermier ; tandis qu'en Sabine, par exemple, la même quotité d'impôt a été établie sur le produit total qu'un champ donne à qui le cultive, sans faire entrer en considération le salaire et la nourriture du cultivateur. Il n'y a, je crois, rien d'absolument décidé sur cette augmentation d'impôt dans la campagne de Rome qui pourrait être juste. Mais les familles princières B..., A..., F..., etc., ont menacé de réduire le nombre de leurs domestiques et parlent même d'aller vivre à Florence ou à Naples. Comme il n'y a plus de paysans dans les environs de Rome, et que tous vivent au moyen de salaires obtenus de quelque maison riche ou de quelque couvent pour des services domestiques, cette menace des gens riches a plus de portée qu'ailleurs.

« Il ne se passe pas de mois et souvent de

semaine sans que les peuples de ce pays-ci ne
soient agités par la nouvelle de quelque révolution
voisine. Le 12 de ce mois, on a annoncé une révolution à Naples ; cela s'est réduit à une dispute, avec
quelques morts, entre des soldats siciliens et napolitains, événement qui se renouvelle tous les ans.

« La populace de Livourne a poursuivi un juif
et désarmé quelques sbires ; il n'en a pas fallu
davantage au littoral romain pour attribuer une
révolte aux tranquilles Toscans qui jouissent d'un
gouvernement sage et que d'ailleurs rien au monde
ne pourrait porter à s'insurger.

« Cività-Vecchia ne pense qu'aux intérêts d'argent et s'inquiète peu des formes de gouvernement.
Ce n'est que sous le rapport des intérêts matériels
qu'on est attentif, depuis le commencement d'avril,
au bruit du remplacement momentané de S. E. M. le
cardinal Bernetti par S. E. M. le cardinal Lambruschini. Monseigneur Capacini aurait refusé l'intérim.
S. E. M. le cardinal Grimaldi aurait été fort près
de l'obtenir. M. Sebregondi agit puissamment sur
l'imagination des personnes qui sont en pouvoir.
Voilà ce qu'on dit à Cività-Vecchia. Votre Excellence aura appris la vérité directement de Rome.

« Si l'on pouvait donner aux États de Sa Sainteté

un ministre des finances raisonnable et ferme, et qui eût assez de crédit pour mettre un terme aux dilapidations de tout genre, le nombre des mécontens serait tellement réduit qu'il n'offrirait plus de danger. On supprimerait presque tout à fait les mécontens, en établissant une justice criminelle basée sur les codes français ou autrichiens. Il ne se passe pas de semaine sans que la vue ne soit choquée dans les rues de Rome par la vue d'un cadavre, et les exécutions n'arrivent pas annuellement au trentième du nombre des cadavres. »

« Ce pays-ci, ajoutait Stendhal, n'est pas précisément raisonnable, il est plutôt irritable.... L'État ecclésiastique est plus disposé à la révolte qu'il y a deux mois lors de l'entrée à Bologne des troupes autrichiennes. Pour le *comment* de cette étrange disposition du peuple, je demande à Votre Excellence la permission de mettre sous ses yeux le récit de ce qui s'est passé à Cività-Vecchia depuis six semaines.

« Cette petite ville de 7,500 habitants ne compte pas quatre libéraux. Elle aime les Français, parce que, autrefois, elle fut enrichie par les préparatifs de l'expédition d'Egypte, et, plus tard, Napoléon lui a donné le privilège de recevoir les denrées coloniales [1]. Malgré cet amour pour le nom français, les révoltés de Bologne faisaient horreur, on les regardait comme des brigands, comme des voleurs de grand chemin. Dans les États de l'Église comme dans le royaume de Naples, le peuple est fort égoïste, fort indifférent pour le nom que porte le souverain. Toutefois, il y a six semaines que Civita-Vecchia aurait fait quelque chose pour la cause du pape. On parlait avec attendrissement des vertus de ce prince.

« A peine la victoire a-t-elle été décidée par la fuite et l'embarquement du général Sercognani que le commissaire de police et l'évêque suffragant de Civita-Vecchia ont fait une liste de proscription qu'ils ont adressée à S. E. le cardinal Bernetti, pro-secrétaire d'État. Cette liste comprenait le subdélégué (ou sous-préfet), le Préteur (un président du tribunal), et, après eux, tous les bourgeois un peu marquants de Civita-Vecchia.

« Or, par un mécanisme particulier à l'État du pape, il n'est aucun bourgeois de petite ville qui

1. « Nous y sommes adorés du bas peuple, » dit ailleurs Stendhal en parlant de Civita-Vecchia, car « feu Napoléon y dépensait 15,000 francs par semaine. » *Correspondance*, t. II, p 137.

n'ait quelque protecteur à Rome. Les dénoncés sont allés à Rome, tous ont parlé à quelque cardinal. Un seul bourgeois a été arrêté, M. de B.... C'est un procureur pauvre, rempli de dettes criardes, ne jouissant d'aucune considération. A peine en prison, l'opinion publique l'a adopté comme un martyr, on a fait une souscription pour sa famille. Le cardinal secrétaire d'État a été fort choqué de cette démarche..... M. le cardinal Bernetti, parlant à un des bourgeois dénoncés qui se justifiait, s'est écrié avec amertume : « Ah ! vous imitez ces brigands de Français, vous voulez singer ce qu'ils ont fait pour Béranger. »

« Depuis quinze jours, tous les habitants de Cività-Vecchia dénoncés par l'évêque se regardent comme *à jamais* suspects au parti de l'extrême-droite et *destinés à la prison,* du moment qu'il n'aura plus peur.

« Les non-dénoncés n'aiment point assez le pape pour s'exposer, en cas d'émeute, aux coups de couteau des dénoncés.

« Par la fausse manœuvre que je viens de décrire trop longuement, le parti du pape est comme anéanti. Que sera-ce dans des villes énergiques comme Foligno, Spoleti, Forli ? »

Ce devait être une nouvelle révolte. La dernière
des villes dont vient de parler Stendhal, Forli,
allait se voir, après la défaite des insurgés italiens
à Cesena (20 janvier 1832), mise à sac par les
troupes papales. « La ville » dit un auteur peu
suspect de partialité contre l'Église, « fut traitée
comme si elle avait été prise d'assaut ; des citoyens
de toutes les classes, des ecclésiastiques, des
femmes, des enfants furent tués ; plusieurs maisons furent livrées au pillage [1] ». Un affolement
égal de la part du pouvoir et de la population pouvait seul donner lieu à de telles horreurs. Les
dépêches du consulat de Cività-Vecchia, en nous
faisant connaître ainsi les préliminaires du soulèvement de 1832, nous en apportent encore la
preuve.

1. De Barante, *Notice sur le comte de Sainte-Aulaire*,
p. 113.

X.

Faiblesse du gouvernement pontifical. — Réaction dans les Romagnes et à Rome. — Préliminaires du soulèvement de 1832.

C'est d'abord le gouvernement papal que Stendhal nous montre. Tiraillé entre les rivalités des
cardinaux, sans argent, sans force armée, il passait sans raison d'un extrême à l'autre. C'est
ainsi qu'un jour il paraissait acquis tout entier à
un régime de compression et de terreur, et parlait
de désavouer le cardinal Benvenuti, qui avait
signé la capitulation d'Ancône, tandis que le lendemain il promettait des réformes qu'il se sentait
lui-même hors d'état d'exécuter. Stendhal nous
présente le tableau de ces fluctuations inces-
santes :

« Il y a, dit-il, un principe de droit connu ici du
monde bourgeois. Un légat *a latere* a les mêmes
pouvoirs que le pape, ne doit compte de sa conduite
qu'à Dieu et *nullement au pape*. Sa Sainteté peut

le rappeler, mais non changer ce qu'il a fait. Même les partisans du pape regardent la capitulation d'Ancône comme sacrée. Le peuple prétend que le cardinal Benvenuti veut se démettre et déposer la pourpre. Le même peuple croit qu'à la première occasion les trois cardinaux influents dans ce moment, MM. de Gregorio, Guerrieri et Bernetti, renouvelleront les scènes de Naples en 1799. Chacun a peur d'être jeté en prison et pour toujours.

« La position du gouvernement est affreuse. Il est réduit pour l'argent aux dernières ressources, il se défie de tout le monde, même de ses gendarmes (ou carabiniers), que, dit-on, il va licencier ; ce qui met ce corps puissant en fureur ; il regarde une nouvelle révolte comme certaine dès qu'il ne sera pas gardé par une armée étrangère. Je puis à peu près répondre à Votre Excellence de la conversation suivante.

« M. le cardinal Bernetti, qui se mêle des plus petites affaires, fesait en quelque sorte des excuses à un fonctionnaire dénoncé et auquel il avait écrit une lettre à cheval. Le cardinal, presque hors de lui par la douleur que lui inspirait l'état des affaires, finit par dire à ce fonctionnaire : « Est-ce

que je lis tout ce que je signe ? Nous sommes en
complète désorganisation, en véritable anarchie ;
nous n'avons plus le sou. Je suis cardinal et je ne
suis pas cardinal, je suis baptisé et je ne suis pas
baptisé. »

« Le fonctionnaire, effrayé de l'état où il voyait
son Éminence, se hâta de prendre congé. »

Le cardinal Bernetti avait raison d'être hors de
lui. Il voyait le gouvernement en dissolution complète et sentait son impuissance absolue d'y pouvoir remédier en aucune façon. « C'est le triomphe
de la force d'inertie », écrivait Stendhal à un ami.
« Tout se fait au nom du pape et contre sa volonté.
Il y a deux cent soixante-dix écus dans le trésor
pontifical à Rome. Le pape a une armée de deux
mille cinq cents hommes vers Pesaro ; mille
hommes, anciens soldats, qui ont pris part à la
révolte, sont prêts à recommencer ; le reste ne
songe qu'à déserter. Un détachement, parti deux
cent cinquante hommes de Rome, est arrivé quatre-
vingt à Pesaro... [1] »

Aussi les Romagnes étaient-elles décidées à
accepter toute espèce de gouvernement, même celui

____

1. *Correspondance*, t. II, p. 142

de l'Autriche, plutôt que de revenir, sans garanties, sous la domination ecclésiastique.

« M. le cardinal Machi, connu par son amour pour le pouvoir, a refusé une légation superbe en Romagne. Bologne, Ancône, Faënza, tout ce qui a fait partie du royaume d'Italie et a connu l'administration raisonnable du prince Eugène de Beauharnais, ne peut souffrir *l'administration des prêtres*. Plusieurs villes ont la folie de préférer l'administration autrichienne[1]. Sur toute la ligne de Bologne, Rimini, Ancône et Spolète, les masses ne veulent plus de l'administration ecclésiastique. Il y aura toujours là cause de troubles. L'amour-propre de ces gens-là demande une Charte, mais leurs vrais besoins sont : 1° la certitude de n'être pas mis en prison dès que M. l'ambassadeur de France cessera de protéger la cause de l'humanité; 2° la promulgation du Code civil français. Mais tout cela serait promis que, le lendemain du jour où

1. Bologne était du nombre. « Bologne était amoureuse depuis vingt ans d'un amant impuissant ; par dépit, elle cherche à se donner à un autre homme un peu bête qu'elle crut sincèrement aimer. De là ses folies. Elle peut trouver sept à huit ans de bien-être avec cet animal à deux têtes. Que dites-vous de la mine de l'amant impuissant qui ne veut ni faire ni laisser faire ? » (*Correspondance*, t. II, p. 148.)

ils n'auraient plus peur de la France, les arrestations et les coups de fusil recommenceraient. »

Au reste, les opposants sentaient bien qu'ils n'obtiendraient de garanties sérieuses qu'à la suite d'une démarche des puissances. Aussi la nouvelle de cette démarche redoubla le désordre. La population, mobile et sans expérience politique, abandonna du jour au lendemain l'idée de se confier à l'Autriche pour rendre tout son enthousiasme à la France. Quant au gouvernement, personne ne savait au juste à quoi il était décidé.

« Ce pays est occupé jusqu'à la folie, écrit Beyle, du bruit qui s'est répandu que les cinq grandes puissances demandaient à Sa Sainteté des modifications dans son gouvernement [1]. Le peuple des États romains a rendu tout son enthousiasme à la France. Les prêtres couvrent publiquement d'exécration la politique de la cour de Vienne.

« A Rome, il y a trois jours, l'autorité a fait distribuer des cartouches à une garde nationale qui, à la première alarme, se sauverait chez elle. On a changé le mot d'ordre à minuit. Rome est

---

1. C'est le Memorandum des cinq puissances. V. plus loin, page

pleine d'officiers qui ont pris part à la révolte et qui
manquent absolument de moyens de subsistances.

« La liberté de propos, même dans les cafés, est
incroyable. On prétend que M. le cardinal Bernetti
est ruiné, et qu'il appuie la note des grandes puissances, dans l'espoir d'avoir à nommer à beaucoup
de places. On se moque de l'envoyé de *** qui,
après s'être donné en spectacle auprès de la voiture du pape les jours de folie des Transtévérins,
maintenant change de manière de voir, parce que
ses dettes énormes l'empêchent de quitter Rome.

« La liste des concessions qui court les cafés est
évidemment exagérée. On dit publiquement que M.
le duc Zagarola sera préfet de Bologne. M. le prince
de Piombino est destiné au ministère des finances;
on désigne pour le ministère de la guerre, M. le
prince Aldobrandini Borghèse, général français.

« Si la cour de Rome n'accepte pas la note
remise par les cinq puissances et que les ambassadeurs partent, il est bien possible que l'on fasse une
émeute de Transtévérins et d'habitants du quartier
des Monti. Cette émeute devrait prouver à l'Europe
que le peuple ne veut pas de modifications. Le
sang-froid et le vrai courage de M. Horace Vernet et
de ses vingt élèves auront lieu de paraître.

« Le pape a dit : « *Il papato é perduto* (c'en est
fait de la papauté) ! » — « Ne voyez-vous pas »,
disait le cardinal Albani au cardinal Bernetti,
« que dans huit mois nous aurons la guerre et que
tout ceci tombera ? » — « Oui, mais comment
vivre pendant huit mois ? » a répondu le pro-
secrétaire d'État. »

L'opinion du cardinal Albani était celle de beaucoup de ses confrères du sacré collège. « Si nous
faisons des concessions réelles, disaient-ils, nous
sommes perdus à jamais ; si l'on nous conquiert,
nous sommes des martyrs et nous pouvons ressus-
citer, comme après Napoléon[1]. » Et, tandis que les
vieux cardinaux se complaisaient dans cette sécu-
rité, les abus continuaient de plus belle. Nous en
donnons un exemple :

« Voici un trait de la vérité duquel je réponds,
dit Stendhal. Une pauvre veuve de Città-Vecchia
avait un procès avec l'homme le plus riche du
pays. La veuve allait obtenir un jugement favorable ; le juge, les avocats s'en étaient expliqués.
L'homme riche court à Rome et, suivant une forme
d'usage dans le pays, demande un *arbitre* au pape,

1. *Correspondance*, t. II, p. 159.

un seul arbitre. Sa Sainteté nomme l'évêque in partibus qui administre l'évêché de Cività-Vecchia, et la veuve perd son procès aussi complètement que possible.

« Cet abus est un de ceux dont la note demande le redressement. Tout le pays de Foligno à Pesaro est en demi-insurrection ; les peuples demandent à être Autrichiens. Le brigandage recommence dans les environs de Terracine. »

Ainsi donc la situation allait s'aggravant tous les jours. « Maintenant, je le dis à regret, écrivait Stendhal, l'extrême désordre, la vénalité et la méfiance sont partout. Douanes, crédit public, perception des impôts, toutes les branches de l'administration présentent le même spectacle, d'autant plus singulier que le souverain est un honnête homme qui possède toutes les vertus... Tout se désorganise faute d'argent. » Le gouvernement ecclésiastique en était venu au point de ne pouvoir plus avoir confiance dans ses subordonnés ou ses agents. Des symptômes d'irritation se manifestaient chez les populations autrefois réputées les plus fidèles. Ce n'étaient plus seulement les Romagnes qui étaient hostiles, Rome même devenait mécontente :

« Le gouvernement de Sa Sainteté nc paie pas les pensions. L'esprit des provinces a entièrement changé depuis le mois de mars dernier ; alors il y eut un mouvement tout à fait dans le sens du gouvernement. A Rome, on jette des pierres la nuit aux prêtres, qui n'osent plus sortir le soir qu'en chapeau rond. Le 24 décembre, à 9 heures du soir, les cardinaux n'ont pas osé se rendre au Vatican.

« Le peuple que l'on redoute en ce moment est le même qui, au mois de mars dernier, avait le projet d'assassiner les Français. Les gens légers envient le sort de Bologne qui, disent-ils, sera autrichienne...

« Chaque jour, depuis une semaine, tout prend une apparence plus contraire au gouvernement de Sa Sainteté. Le pays prend absolument la même physionomie qu'au mois de février dernier. Les alarmes du gouvernement ont été telles qu'il s'est déterminé à rappeler à Rome le fameux colonel *Bentivoglio,* si odieux dans les légations. Le colonel Barbieri le remplace à Rimini.

« Le ministère doit savoir que les troupes employées dans la ville de Rimini ont double paie. Il y a près de 3,000 hommes dont 1,200 grenadiers.

Un grenadier a les vivres et environ treize sous par jour. On vient de s'apercevoir, seulement à cette heure, que presque tous ces grenadiers sont de Bologne ou de la Romagne. On craint la désertion aussitôt après le commencement des hostilités.

Presque tous les jours, il y a à Bologne des assemblées de 2,000 ou 3,000 personnes qui s'occupent des intérêts du pays. Il était question, dernièrement, dans ce club, d'envoyer des députés au roi des Français et à l'empereur d'Autriche. Les Bolonais se tiennent sûrs de la victoire en cas d'attaque. Le gouvernement de Sa Sainteté paraît compter beaucoup sur l'intervention de M. le cardinal Albani. Les Bolonais ont beaucoup de respect pour M. le cardinal Albani, qu'ils savent intimement lié avec M. le prince de Metternich.

« Le gouvernement de Sa Sainteté a les plus grandes craintes dans ce moment. »

Ces craintes du gouvernement papal devaient se réaliser. Le mouvement de 1832 allait éclater.

XI.

Les capitulations des troupes de Zucchi à
Ancône et celles de Sercognani à Spolète avaient
mis fin, l'année précédente, au soulèvement des
Romagnes. Les soldats autrichiens avaient repassé
la frontière, et, si la papauté s'était résignée à
faire les réformes demandées par le Mémorandum
du 10 mai, il est probable que tout serait resté
calme. Mais le gouvernement pontifical pensa que
la démarche des cinq puissances n'avait qu'une
valeur pour ainsi dire platonique et n'accorda que
des réformes dérisoires. Nous venons de voir
l'agitation qui en résulta, agitation d'autant plus
sérieuse qu'elle n'était pas seulement le fait de
quelques conspirateurs, énergiques il est vrai,
mais peu nombreux. Sous l'influence de la profonde

déception causée par l'échec relatif du Mémorandum des grandes puissances, la classe moyenne et l'aristocratie elle-même se mêlèrent au mouvement ; elles envoyèrent à Rome des députés choisis parmi les hommes les plus influents, mais aussi les plus éclairés et les plus modérés, pour réclamer de réelles garanties.

On leur répondit en expédiant à Rimini, où ils se livrèrent à tous les excès, quelques milliers d'hommes levés, à l'aide d'un emprunt de trois millions d'écus, parmi les vagabonds et les *banditi* de la campagne de Rome. En même temps une note remise le 10 janvier 1832, par le cardinal Bernetti, aux représentants des puissances, annonçait l'intention où était le pape d'employer au besoin la force pour obliger les Romagnes à obéir aux édits du Saint-Siège et à lui payer l'impôt.

L'exécution suivit de près la menace. Mais les habitants des légations, organisés en gardes civiques, avaient résolu de repousser la force par la force. Le sang devait donc couler encore une fois. Un corps papalin, où se trouvait le cardinal Albani, défit les Romagnols à Cesena (20 janvier) et mit à sac la ville. D'autres localités subirent le même sort, et nous avons dit plus haut quel fut celui de

Forli[1]. Mais, en même temps que ces deux villes étaient prises et pillées, un autre corps d'armée papal entrait à Ravenne et les Autrichiens de Radetzki se présentaient devant Bologne. Les atrocités commises par les troupes papales étaient telles que les *Tedeschi* parurent des libérateurs aux populations italiennes. Bologne ouvrit ses portes et Radetzki put occuper sans combat les principales villes des Romagnes. L'Autriche se retrouvait ainsi maîtresse des positions que l'énergique intervention de la diplomatie française lui avait fait abandonner l'année précédente ; elle reprenait en fait une situation tout à fait prépondérante en Italie.

C'était là une situation que la France ne pouvait tolérer. Dès l'instant que les justes revendications de nos diplomates étaient ainsi méconnues, une intervention armée devenait nécessaire. L'occupation d'Ancône fut résolue.

Le 22 février, une escadre placée sous les ordres du capitaine de vaisseau Gallois et composée du vaisseau *le Suffren*, des frégates *l'Arté-*

_____

1. Voyez sur le sac de Forli des détails curieux dans la *Correspondance de Stendhal*. t. II. p. 150

mise, *l'Éclipse* et *la Victoire*, des corvettes *la Caravane* et *le Rhône* se présentait devant Ancône, ayant à son bord le 66e de ligne commandé par le colonel Combes, avec une batterie d'artillerie. Le 23, à deux heures du matin, les troupes, débarquées en silence, occupaient la ville sans coup férir. La citadelle elle-même ouvrit ses portes à midi. Pendant ce temps, le général de Cubières, parti par voie de terre, était arrivé à Rome. Il exposa au Saint-père la nécessité où s'était trouvée la France de répondre par l'expédition d'Ancône à l'entrée des Autrichiens dans les Romagnes, s'entendit avec M. de Sainte-Aulaire et revint à Ancône prendre le commandement supérieur des troupes.

Ce coup de main, habilement préparé et hardiment exécuté, produisit le plus grand effet. Il rendit à la France toute sa popularité en Italie. « Pesaro est ivre de joie, » écrivait Stendhal, « idem à Pérouse, Spoleto ; le voisinage du tricolore les rend folles [1]. »

1. *Correspondance*, t. II. p 152. Sur l'expédition d'Ancône, voyez la *Revue Historique* (XXXVIII. p. 112 et suiv) Cf *Revue du Cercle militaire* (n° du 6 février 1887) *L'oc-*

Beyle fut du reste à même de pouvoir juger sur les lieux de l'impression produite par l'habile fermeté du gouvernement français. Dès le mois de décembre 1831, il avait projeté de visiter les Romagnes et il en avait fait part au ministre :

« Il est probable, écrivait-il, que d'ici à deux ou trois mois les affaires de Bologne seront terminées. A cette époque, la présence d'un agent français à Rimini, Ravenne, Pesaro, etc., ne pourra donner d'ombrage au gouvernement de Sa Sainteté. Je croirais utile d'aller passer deux ou trois jours auprès de chacun de MM. les vice-consuls et agens consulaires employés dans les États romains. J'aurais le plus grand soin de ne parler à ces messieurs que d'intérêts commerciaux. Cette tournée d'inspection n'en aurait pas moins pour effet immédiat de ranimer le respect dû au nom français.

« Aussitôt que la tranquillité sera parfaitement rétablie à Bologne, je proposerai à Votre Excellence d'y placer un vice-consul ou agent consulaire. M. le comte de Saurau, qui règne à Florence,

<hr>

cupation d'Ancône en 1832. Lettres du général de Cubières.

8.

entretient des correspondances avec Bologne, Rimini, Ravenne. Ces correspondances ne sont pas de nature à augmenter notre crédit dans ces villes. Il serait à propos qu'un habitant de Bologne riche et considéré voulût y être vice-consul de France. J'ai été en garnison à Bologne en 1801, j'y ai repassé huit ou dix fois depuis cette époque, et je puis assurer que les mesures que j'indique seraient utiles. »

Les événements empêchèrent Stendhal de mettre ce projet à exécution ; mais, après l'occupation d'Ancône, il fut chargé dans cette ville de la direction du service financier.

Cette mission l'intéressa beaucoup[1] et il s'en acquitta avec un zèle que M. de Sainte-Aulaire se plut à faire valoir :

« M. Beyle, consul à Cività-Vecchia, écrivit-il au ministre des Affaires étrangères, vient d'arriver d'Ancône. Je l'avais engagé à y transporter sa résidence, afin d'y prendre la direction du service financier qui devait présenter dans cette place beaucoup de difficulté. Après l'arrivée de MM. Simon et Béaghel, payeur et intendant militaires, la

---

1. Voy. *Correspondance.* t. II. p. 156

présence de M. Beyle n'était plus nécessaire à
Ancône. Je dois des éloges au zèle qui l'a porté à
se charger de cette commission désagréable et difficile. Il l'a remplie avec beaucoup de talent et de
sagesse. Je prie Votre Excellence de lui en exprimer sa satisfaction. Je pense aussi qu'il sera de
toute justice de lui tenir compte des frais extraor-
dinaires auxquels il a dû se voir entraîné. J'aurai
l'honneur de faire, à cet égard, des propositions à
Votre Excellence, quand je me serai procuré les
renseignements nécessaires. »

Stendhal profita de la bonne impression produite au ministère, tant par les rapports très complets qu'il adressait sur la situation politique en
Italie que par le succès de sa mission à Ancône,
pour solliciter un congé que ses affaires personnelles
lui rendaient indispensable :

« Des affaires de famille, écrivait-il, me font
désirer de passer quelques jours à Grenoble, ma
patrie, pendant le mois de juin ou de juillet. J'ai
l'honneur de solliciter auprès de Votre Excellence
un congé d'un mois. Mon service ne souffrirait
nullement de cette courte absence ; tout se passera
comme pendant la mission que je viens de remplir
à Ancône. Mon chancelier s'est acquitté d'une

manière fort convenable des fonctions qui lui
avaient été confiées. Je ne me servirai du congé
d'un mois que je sollicite des bontés de Votre Excellence qu'autant que ma présence sera absolument
nécessaire à Grenoble. »

Sa demande ayant été ajournée, il la renouvela
quelques mois après avec plus d'instances :

« Je prends la liberté de solliciter de nouveau
auprès de Votre Excellence un congé d'un mois
pour aller à Grenoble, ma patrie, terminer des
affaires de famille. J'avais eu l'honneur de demander ce congé pour le mois d'août ; ma demande,
approuvée par S. E. M. le comte de Sainte-Aulaire,
a été ajournée jusqu'à l'époque où les comptes des
dépenses faites à Ancône seraient parvenus au
ministère de la Marine. Ces comptes ont été reçus.
Si je puis parvenir à arranger mes petites affaires
par lettres, je ne ferai pas usage du congé que je
sollicite auprès de Votre Excellence. »

Le congé demandé lui fut enfin accordé le
16 octobre 1832. C'était la juste récompense des
services rendus et des précieux renseignements
que ses dépêches, sous une forme toujours claire
et souvent spirituelle, fournissaient sur les affaires
d'Italie. Beyle avait su profiter des circonstances

pour faire apprécier sa droiture d'esprit et sa sûreté
de coup d'œil. Il avait bien débuté, et, dans la
lettre qu'il écrivit au ministre en janvier 1833 pour
le remercier de la faveur obtenue, il pouvait dire de
lui: « J'ai établi les rapports les plus désirables
avec les autorités du pays, et M. l'ambassadeur a
daigné, plusieurs fois, rendre hommage à la façon
dont se fait le service du consulat que S. M. m'a
confié. »

Ses rapports avec M. de Sainte-Aulaire, ce
« chevalier français », étaient en effet excellents.
« Si le hasard, disait-il, m'avait fait aide de camp
d'un tel homme à dix-huit ans, au lieu du général
Michaud, je serais bien plus poli [1]. » Quant à la
bonne opinion que Beyle avait de lui-même comme
consul, c'est en étudiant sa vie dans les fonctions
modestes mais délicates, où désormais il va être obligé de se renfermer, que nous pourrons en apprécier la justesse. Pour être d'un intérêt moins général, sa correspondance officielle ne nous en offrira
pas moins encore plus d'une page intéressante.
Mais avant de nous fixer dans la ville où

1. *Correspondance*, t. II, p. 156.

> ... cet esprit charmant
> Remplissait si dévotement
> Sa sinécure [1],

il nous faut jeter avec lui un dernier regard sur les pays qu'il traversa en regagnant son poste.

1. Alfred de Musset.

XII

Beyle, nous l'avons vu, ne perdait pas une occasion d'observer les événements dont l'Italie était le théâtre et d'en faire part à qui de droit. C'est ainsi qu'il écrivit au Ministre des Affaires Étrangères les détails que l'on va lire sur Florence [1], détails probablement recueillis au retour du congé dont il avait profité en 1833.

« Monsieur le Duc [2],

« Je vais avoir l'honneur de placer sous les yeux

1. Nous publions cette dépêche, qui porte en tête les mots :
« Written from Rome the tenth Jy 34, » d'après une copie
que M. Casimir Stryenski a bien voulu prendre pour nous sur
la minute de Beyle à la bibliothèque de Grenoble et que nous
avons complétée à l'aide de l'original des archives des Affaires
étrangères. Qu'il trouve ici nos meilleurs remercîments.

2. Au crayon et à la marge : « Il n'y a eu de chiffré que les
noms propres et les dignités. »

de Votre Excellence plusieurs petits faits relatifs à la Toscane ; sans doute le ministre habile qui réside en ce pays les a fait connaître à Votre Excellence, mais un accès de goutte m'ayant retenu quelques jours à Lucques et à Florence, j'ai profité de ce loisir pour écrire la présente.

« Dans la nuit du 31 décembre dernier au 1er janvier on a répandu dans Florence le petit pamphlet ci-joint[1]. Les chiffres de ce pamphlet sont un peu enflés dans un sens défavorable au gouvernement de S. A. R. Je reviendrai plus bas sur cette pièce qui n'est probablement pas sans liaison avec le fait suivant, qui me semble fort important pour l'influence future du roi en Toscane.

« Le 1er janvier, à la grande réception, S. A. R. le grand-duc prit à part un homme habile, mais fort timide, et qui passe pour l'une des meilleures têtes du pays. S. A. R. l'ayant mené dans une partie du salon où ce qu'elle allait dire ne pouvait être entendu, lui dit : « Maintenant que l'entreprise des Maremmes est terminée, je veux entreprendre la réforme judiciaire en Toscane. »

1. V. aux annexes, page

« La figure de la personne consultée exprima sans doute le plus profond étonnement, car S. A. répéta cette singulière ouverture. Cet aparté dura quarante cinq minutes et tout ce que S. A. R. dit à la personne consultée montre un homme fort timide, mais qui semble avoir pris sa résolution. S. A. a le dessein [de] donner un code à la Toscane, ou du moins une série d'ordonnances, remplissant le but d'un code. Elle veut, entre autres, établir des tribunaux de première instance, composés de trois juges comme en France.

« Le grand-duc Pierre-Léopold, qui a fondé le bonheur de la Toscane, donna à ce pays la liberté parfaite du commerce, une organisation municipale admirable, mais il n'eut pas le temps d'effectuer la réforme judiciaire. Les nombreux intérêts que cette réforme eût blessés alors jetèrent le grand-duc Léopold dans des mesures préparatoires tellement longues qu'il fut appelé au throne d'Autriche avant d'avoir pu rien décider.

« Maintenant, je regarde comme un fait incontestable que, si S. A. R. le grand-duc régnant adopte le code français, ou, ce qui revient au même les codes qui sont actuellement en vigueur à Naples, l'influence française en Toscane sera bientôt égale, sinon supérieure, à l'influence autrichienne. Aux yeux des hommes timides et modérés, qui forment l'immense majorité des Toscans riches, nobles et instruits, la réforme judiciaire qui donnerait à la Toscane les codes actuellement en vigueur à Naples équivaudrait presque à une constitution.

« Je ne puis être juge du degré d'importance que le gouvernement du Roi met à avoir l'influence prépondérante en Toscane. Dans le cas où la France ne s'occuperait que d'une façon tout à fait secondaire d'un petit pays qui n'a que 1,378,000 habitans, les détails dans lesquels je vais entrer paraîtront peut-être un peu longs.

« .... S. A. R. le grand-duc a toutes les vertus ; livrée à elle-même, S. A. gouvernerait ses Etats avec toute la vigilance et toute la sage prudence d'un excellent père de famille. Mais ce prince est né timide ; il a peu de confiance en lui-même. Depuis un an ou deux les conseils intéressés de M. le duc de Modène ont irrité cette timidité naturelle, au point de porter S. A. à des mesures de rigueur insignifiantes ailleurs, mais imprudentes en Toscane, où les esprits sont accoutumés depuis cinquante ans à raisonner de tout avec une liberté qui n'est limitée que par la timidité naturelle au pays. S. A. R. ayant fait mettre à la citadelle de Livourne plusieurs jeunes gens en septembre dernier, la sortie de ces jeunes gens, après cent jours de prison, a été une sorte de triomphe. M. le Gouverneur de Livourne a cru devoir leur donner à dîner le lendemain du jour de leur sortie de prison.

« Il est très probable que le pamphlet ci-joint a produit une sensation dans l'esprit de S. A. R [1].

« Quoi qu'il en soit, revenant au fait si important de l'annonce de la réforme judiciaire faite sous le sceau du secret à l'un des hommes les plus timides de Toscane, il est probable que cette idée choquera profondément M. le duc de Modène et l'influence autrichienne. On peut penser que si cette dernière ne parvient pas à parer ce coup de la réforme judiciaire, elle essayera de faire adopter le code autrichien en vigueur à Milan. L'adoption de ce code conduirait naturellement à celle des ordonnances politiques (relatives aux passeports, à la Jeune Italie, etc.), qui font de l'état des Milanais un objet d'horreur pour les Toscans, et en même temps d'envie pour les habitants de Bologne et de Ferrare.

1. V. aux annexes.

« L'influence du vieux M. Fossombroni, ministre des Affaires étrangères, n'existe plus.

« Deux causes ont amené la fin de ce long ministère. M. Fossombroni, si poli avec tout le monde, avait, dit-on, traité rudement M. le grand-duc actuellement régnant, quand il n'était que prince héréditaire. Faute d'argent S. A. se refusait le plaisir de faire faire le portrait en porcelaine de sa petite fille. 2° Il y a eu une sorte de jalousie d'ingénieur. M. Fossombroni a assaini les vallées de la Chiana ; S. A. a entrepris d'assainir les maremnes de Grasseto, en y jettant l'Ombrone et tous les torrans voisins qui par leurs dépôts élèveront le sol. M. le grand-duc met son amour-propre à cet ouvrage, qui est vraiment admirable, mais qui, aux yeux des Toscans fort économes, a le tort d'avoir coûté 12 à 15 millions de *lire*. La *lira* vaut 84 centimes.

En 1833, avec l'influence de M. Fossombroni, a pris fin en Toscane ce qu'on pourrait appeler le gouvernement ministériel. Jusqu'à la chute de ce savant ministre, le prince accédait souvent à des mesures qui ne lui plaisaient nullement, mais qui étaient recommandées par le ministre.

A l'influence de M. Fossombroni a succédé ce

que les Toscans apèlent le gouvernement de camarilla et qu'on pourrait apeler le gouvernement
personnel du grand-duc.

« L'homme qui jouit du premier crédit sur l'esprit de ce prince est M. Cempini, ministre des
Finances. M. Cempini peut avoir cinquante-quatre
ans ; il est, je crois, fils d'un paysan ; on prétend
qu'il a été jacobin en 1798. Depuis, il a été avocat;
on prétend qu'il n'a pas les talents de cette proffes-
sion ; selon moi, dans ce pays de gens sans caractère, M. Cempini peut passer pour un homme énergique ; ce qui ne l'empêche pas d'avoir une grande
peur de la Nouvelle Italie.

« Après le crédit de M. Cempini, l'influence la
plus remarquable est celle de M. Felici, secrétaire
intime de S. A. R.

« La base du caractère de M. Felici est l'honnê-
teté. C'est un homme de quarante-trois ans doué
de talens suffisans. M. Felici ne brille pas par ce
qu'on apèle en Toscane de l'éloquence ; c'est un
homme qui parle rarement des principes généraux
qui forment la base des gouvernemens. M. Felici
a commencé sa carrière par une place judiciaire
analogue à celle d'avocat général en France. Il
est grand partisan des Codes et surtout de l'admi-

nistration de la justice en France. Les Toscans espèrent que peu à peu le crédit de M. Felici deviendra égal à celui de M. Cempini.

« Mais une autre influence bien autrement intime contrebalance le crédit de MM. Cempini et Felici. Mme la grande-duchesse veuve a sur S. A. R. une influence de tous les momens que l'on pourrait comparer à celle de Mme de Maintenon sur Louis XIV. L'amitié du grand-duc pour sa belle-mère va jusqu'à la vénération. Mme la grande-duchesse veuve est dominée par les idées de la plus haute dévotion; elle est le véritable chef des Sanfédistes. C'est une secte dont la *Voce della Verità* de Modène peut être considérée à peu près comme le Journal officiel, et qu'on peut comparer qu'à ce que l'on suppose qu'était la Congrégation en France en 1828. Le chef d'état-major des Sanfédistes, lequel naturellement jouit du plus grand crédit auprès de Mme la grande-duchesse veuve, est Monseigneur l'évêque de Fiesole, Pareti.

« M. Cempini, ministre des Finances, tient à la Camarilla, mais on suppose qu'on ne lui confie pas les grands secrets du parti *Sanfédiste*.

« Le ministre profondément lié à la Camarilla, et peut-être son véritable chef, est M. Paver.

M. Paver, qui fut secrétaire intime avant M. Felici,
est maintenant ministre sans portefeuille. Les libéraux de Toscane supposent qu'il existe une commission secrète chargée de la recherche et de la
répression des délits politiques. Cette commission,
de l'aveu de S A. M. le grand-duc, serait directement sous les ordres de la Camarilla, représentée
par Mgr l'évêque de Ficsole. Le secrétaire de cette
commission, lequel se trouverait par le fait le véritable ministre de la police en Toscane, est M. Paoli.

« M. le Ministre de la Police, Bologna, est ce
qu'on apèle en termes vulgaires un homme de
paille; on voit toujours dans son cabinet M. Paoli;
il ne peut rien faire sans que M. Paoli ne le sache.

« L'adoption du principe de la réforme judiciaire
en Toscane et, en second lieu, le choix entre le
Code Autrichien ou celui de Naples, dépendra probablement de MM. Cempini, Felici, Paver et Paoli.

« .... Mme la grande-duchesse, épouse du
grand-duc, s'ennuye tellement dans cette cour arrangée comme un couvent et qui forme un contraste
complet avec celle de Naples, qu'elle n'a aucune
influence. On dirait que S. A. R. renonce à agir et à
lutter d'influence avec Mme la grande-duchesse
veuve.

« Pour saisir tout le sens des plaintes, sans doute exagérées, énoncées au pamphlet ci-joint, il faut se rapeler quelques faits de statistique et ne pas oublier que *l'amour de l'argent* est la passion à peu près unique des Toscans.

.   .   .   .

« On agit dans ce pays-ci, auprès d'hommes pauvres, pour la plupart travaillés par la peur d'une destitution et par la peur plus grande d'un bouleversement total qui les jetterait dans la misère. Ces réflexions pourraient peut-être s'appliquer à une Cour voisine. Assez souvent l'on pourrait dire que l'argent employé à payer les Courriers, qui portent des ordres sur une affaire, suffirait presque pour obtenir la décision favorable de cette affaire.

« Pour revenir à l'affaire particulière des Codes qui peuvent être adoptés par la Toscane, peut être ne serait-il pas impossible de les faire recommander à cette cour par celle de Naples. Les intentions de S. A. R. Mgr le grand-duc qui était (*sic*) un grand secret à Florence, le 2 janvier, formeront probablement le sujet de toutes les conversations en février. Si l'on se déterminait à quelques ouvertures favorables à MM. Cempini, Paver et Paoli, il conviendrait peut-être de prévenir le moment où ces Messieurs auront pris couleur sur la question de la réforme judiciaire.

« Cette lettre dépassant déjà par sa longueur les bornes ordinaires je me permettrai d'ajouter plusieurs petits faits qui sans doute sont depuis longtemps connus au ministère. Mes observations faites le 1er janvier 1834 n'auront que l'avantage de confirmer des données plus anciennes.

« Madame la Grande-Duchesse, épouse de S. A. R. ne pourrait probablement pas servir d'intermédiaire aux conseils que la Cour de Naples pourrait être amenée à donner à celle de Florence. M. le Grand-Duc parle sans cesse à sa femme et cependant elle n'a su saisir aucune influence. Mme la Grande-Duchesse semble désespérer de son sort. Elle s'ennuye tellement dans cette Cour arrangée comme un couvent, et qui forme un constrate parfait avec celle de Naples, qu'à dîner par exemple elle est réduite à regarder les domestiques et à rire de ce qu'ils font et presque avec eux. Cette princesse ne paraît pas encore avoir l'idée de lutter d'influence avec Madame la Grande-Duchesse veuve.

« Il est possible que M. Fossombroni ne trouve pas ses appointements une compensation suffisante au rôle secondaire qu'il est réduit à jouer ; le grand âge de ce savant ministre peut faire craindre une cause de changement. Le portefeuille des Affaires étrangères échoirait à M. Corsini.

« Tout le travail de ce département est fait en réalité par M. Corsini; c'est encore un Jacobin converti : M. Corsini, l'un des hommes les plus ambitieux de la Toscane, a commencé par travailler manuellement à la préparation du lin, ensuite il se fit copiste pour les avocats. C'est un homme de 45 ans, assez pauvre, souvent pris de vin, sans éducation et qui ne parle guère d'affaires que sur le ton de la colère.

« Pour saisir le sens des doléances exprimées dans le Pamphlet ci-joint, il convient de se rapeler quelques faits de statistique et de ne pas perdre de vue que l'amour de l'argent et surtout la passion de s'enrichir par une *lente économie* sont bien autrement puissants sur les cœurs toscans que l'amour de la liberté. En ce sens Bologne et Florence, qui sont si voisines, sont aussi différentes que possible.

« Le nombre des employés qui achètent des propriétés importantes, après avoir occupé huit ou dix ans un emploi de six mille francs, est fort considérable.

« L'admirable administration donnée aux Communes par Pierre Léopold a reçu un grand échec, par l'ordre d'ouvrir un compte de dépenses, dont les articles sont fournis par le gouvernement.

« Les libéraux disent que les 1,378,000 habitants de la Toscane payent au souverain 25 millions de *lire*. La *lira* vaut 0,84 centimes.

« La Toscane compte 700,000 propriétaires, plus de la moitié des habitants, proportion admirable.

« La moyenne du revenu de ces 700,000 propriétaires est 500 écus. (L'écu vaut 5ᶠ,88, un demi-paule de plus que le Francescone).

« On suppose que l'administration financière actuelle de la Toscane produit un excédent des recettes sur les dépenses que l'on évalue à 1,500 mille *lire*. Mais tout ceci est recouvert du plus profond secret.

« Plusieurs libéraux évaluent la somme des impôts perçus à 30 millions (de *lire*).

« *L'octroi municipal* n'existe pas en Toscane. Les recettes que la Douane opère aux portes de Florence s'élèvent, dit-on, à trois millions de *lire*. Voilà le véritable sujet du mécontentement qui a redoublé depuis deux ans. Un prince encore plus absolu que S. A. R. serait adoré, s'il réduisait de moitié cet impôt de trois millions ; on a soif de réductions d'impôts et non pas de liberté ; ce qui forme, je le répète, un contraste parfait avec les États Romains. Un bœuf destiné à la boucherie qui entre à Florence paye 70 *lire*.

« Un habile avocat peut gagner à Florence 21,000 *lire* par an. Cet avocat ne payera qu'un impôt personnel de 40 *lire*. Le propriétaire auquel sa terre rend 21,000 *lire* paye à l'État 5,250 *lire*.

« Les impositions sont :

« La *Diretta* payée par la terre ;

« La *Personale* acquittée par chaque Toscan. Les habitants sont divisés en 5 classes. Les plus riches, M. le Prince Corsini par exemple, payent 80 lire. Le plus pauvres 4 $^1/_3$;

« La *Communale*, payée par les propriétaires, acquitte les dépenses causées par les chemins communaux, le pavé, les prisons, l'éclairage, le palais de justice, le logement meublé des juges, les appointements de l'ingénieur des Ponts et Chaussées, les *enfants trouvés*, les fous, etc., etc.

« Les libéraux supposent que S. A. R. Mgr le Grand-Duc régnant a trouvé dans les caisses du trésor une somme de 12 millions de *lire*, et que l'entreprise des Maremmes a absorbé 15 millions.

« Avec ces données il sera facile d'apprécier le
Pamphlet ci-joint. Je terminerai ces données sta-
tistiques par l'État de la population de la Toscane
en 1832. La Camarilla a la plus grande aversion
pour les recherches de statistique, elle s'est opposée
à la création d'une académie de statistique ; et enfin
l'état que je vais traduire passe pour dangereux à
avoir chez soi.

Population de la Toscane en 1832

Mâles.	Mariés.	238.684
	Adultes.	219.828
	Enfants.	227.012
	Ecclésiastiques séculiers.	9.019
	Ecclésiastiques réguliers.	2.362
	Non catholiques. . . .	5.053
		701.958

D'autre part, mâles. 701.958

Femmes.	Mariées.	241.617
	Adultes.	212.938
	Enfants.	213.238
	Religieuses.	3.913
	Non catholiques. . . .	5.131
		676.837

Femmes. 676.837

Total. 1.378.795

« La Toscane compte 251,272 familles [1]. »

Le Pamphlet qui a donné à Stendhal l'occasion d'écrire cette longue et intéressante dépêche ne saurait faire illusion sur le véritable état des esprits en Italie. La Grande-Duchesse de Toscane n'était pas la seule qui renonçât « à agir et à lutter d'influence contre les sanfédistes ». L'insuccès des mouvements de 1831 et 1832 avait découragé beaucoup de patriotes italiens. Jusqu'en 1848 un calme trompeur allait régner en Italie, à Florence, comme à Rome, où nous allons retrouver Stendhal à l'œuvre dans sa besogne de consul.

1. En post-scriptum (expédiée par le bateau à vapeur du 11 janvier).

XIII.

Le voisinage de Rome et la possibilité d'y aller souvent, voilà en effet ce qui avait le plus séduit Beyle dans son nouveau poste de Cività-Vecchia. Il profitait largement de ces facilités. « M. de Sainte-Aulaire me traite avec beaucoup de politesse, disait-il; je vais à Rome quand je veux. Mais, cependant, au fond, il faut se tenir à son poste. Or, que faire dans ce poste [1] ? »

Il y avait, en effet, assez peu à faire. Un voyage du pape Grégoire XVI, les progrès du choléra, des affaires contentieuses comme celles du *Henri IV* et de la *Méditerranée*, ce sont là les grands événe-

1. *Correspondance*, t. II, p. 142.

ments du séjour de Stendhal à Cività-Vecchia, jusqu'au moment où sa santé l'obligea, en 1836, à
prendre un nouveau congé qui dura trois ans. De
plus la société y était nulle. Aussi Stendhal en vint-
il vite à ne plus avoir pour ses fonctions le goût
qu'elles lui avaient inspiré au début, alors qu'il les
trouvait une *besogne toute paternelle*.

« Je commence à être bien las du métier, écrivait-il le 10 septembre 1834, et j'envie bien profondément l'homme qui, à cinquante ans, a cinq mille
francs de rente..... Que sert de pouvoir jouer le
deuxième rôle à Abeille, si le bavardage important,
l'air *important,* la façon grave de parler des occupations du matin et de la correspondance du dernier courrier sont mon horreur? »

Ses fréquents séjours à Rome le dédomma-
geaient un peu de l'ennui de sa résidence. M. de
Sainte-Aulaire, qui était, on l'a vu, fort aimable
pour lui, les excusait assez facilement. La conversation de Beyle, piquante, émaillée d'anecdotes
vécues et fertile en saillies originales, lui cau-
sait le plus grand plaisir. Au besoin il savait
donner la réplique. Mais, à Paris, on ne voyait
pas les choses du même œil. Les commis, selon
l'expression de Stendhal, avaient l'idée qu'il s'é-

tait moqué d'eux[1] et ce n'était pas toujours une petite affaire que de détruire la mauvaise impression causée par ces absences prolongées et surtout répétées. Dans une lettre officielle qui a été publiée[2], il les expliquait par le soin de sa santé et aussi par la mauvaise humeur et l'ignorance des rares voyageurs qui venaient faire viser leurs passeports au consulat de Cività-Vecchia.

« J'ose espérer, écrivait-il, de répondre par des faits faciles à prouver, comme ceux-ci, à des accusations portées par des personnes dont l'animosité est prouvée par des dénonciations antérieures ou par des voyageurs peu réfléchis. La plupart des voyageurs se montrent fort mécontents de payer 52 sous les visas de leurs passeports, beaucoup disent qu'ils porteront plainte ; ils objectent que l'on ne paie rien à l'ambassade à Rome. Les voyageurs restent dans le bureau et ne passent que rarement dans un autre appartement où l'on m'apporte les passeports à signer. Si je ne suis pas à la maison, le chancelier signe, et, comme tous les chanceliers, celui-ci aime à signer et à faire le consul. Les

1. *Correspondance*, t. II, p. 195.
2. *Id.*, p. 212.

voyageurs, encore aigris par le paiement des 52 sous, partent de là pour dire que le consul n'est pas à son poste. »

Quoi qu'il faille penser de toutes ces raisons bonnes ou mauvaises, il est certain que Stendhal résidait à Cività-Vecchia le moins possible. Il l'avoue lui-même dans sa correspondance : « A l'ambassade, on m'a dit : Dominique a-t-il volé ? A-t-il.....? A-t-il non résidé ? Nous répondrons *non* aux deux premières accusations et l'on excusera la troisième[1]. »

Il cherchait à se faire pardonner ces irrégularités en les rendant utiles. Ces voyages, la parfaite connaissance du pays qu'avait Stendhal, lui permettaient de ne pas se borner à la seule correspondance commerciale. C'est ainsi que, dans des dépêches très précises sur le détail des affaires dans les États romains, il insérait des renseignements divers d'un intérêt général, jusqu'à des anecdotes sur la cour et les finances papales durant le pontificat de Grégoire XVI.

Grâce à ses relations dans la société romaine, il pouvait envoyer au ministère, sinon le budget exact du pape (le désordre des finances permettait de

1. *Correspondance*, t. II, p. 214.

croire que ce gouvernement lui-même ne le connaissait pas exactement), mais au moins un aperçu
de ce budget.

« Je n'ai pris la gestion du consulat de Cività-
Vecchia qu'au mois d'avril 1831. J'espère, disait-il,
être à même, avant la fin de l'année, d'adresser à
Votre Excellence un rapport détaillé sur les produits,
le commerce et les finances de ce pays-ci. L'un
des plus grands secrets de l'Etat c'est le budget.
Je me suis procuré depuis peu cette pièce importante. Je n'ai pas pu obtenir encore toutes les vé-
rifications nécessaires; rien de plus difficile; l'intérêt d'un grand nombre d'individus commande le
secret le plus profond.

« A titre de *renseignement seulement*, je me
permets de mettre sous les yeux de Votre Excellence
un aperçu du budget des États romains pour 1831.
Je la prie d'excuser plusieurs erreurs du copiste
qui a traduit trop littéralement l'original italien à
moi confié et qui, à Rome, n'est pas connu de vingt
personnes. »

Dans une autre dépêche, à propos de la création
à Rome d'une banque d'escompte, il montre quelle
était alors l'incroyable ignorance de ces pays en
matière de finances.

« Les opérations d'escompte à Rome se font sous le sceau du plus profond secret. *Un mercante di campagna* (on appelle ainsi des fabricants de blé qui traitent, par les procédés de la grande culture, une ferme en plusieurs milliers d'arpents), un marchand de campagne, dis-je, a besoin de mille écus. Il a dans Rome un magasin de blé. Il vient en secret chez un capitaliste, l'engage à venir voir son magasin, lui montre qu'il a deux serrures et deux clés et lui demande mille écus sous le dépôt d'une des clés du magasin. Rien de plus fréquent que ces opérations... Rien de plus absurde dans ce pays que de prêter cinq mille écus à un propriétaire qui a cent mille écus en terres ou en maisons. Ce propriétaire souscrira à toutes les conditions imaginables et, à l'échéance de ses billets, ne songera nullement à les payer. Il y aura procès ; après trois ou quatre ans, si le propriétaire perd, il ira se jeter aux genoux de quelque homme puissant et obtiendra un délai de deux ans. Ce sursis à paiement pourra être renouvelé deux ou trois fois. »

Pour fonder une banque d'escompte à Rome :

« Il fallait prendre une maison laide et obscure dans le quartier voisin du *Ghetto*. On devait s'établir avec une grande affectation d'économie, il fallait avoir dix commis français qui auraient fait tout le travail et trente commis romains à 10 écus par mois (54 francs), qui auraient intéressé trente familles au succès de la banque. Ici, un fils de famille de la haute bourgeoisie accepte un emploi de 4 écus par mois, et toute la famille fait la cour à la personne qui a procuré l'emploi. »

Non seulement un pareil état de choses mettait obstacle à toute opération financière, mais la fraude, dont les plus grands personnages donnaient l'exemple, rendait absolument illusoire la fixation d'un rendement moyen de l'impôt.

« J'oserais presque avancer, dit Stendhal, qu'en fait de finances en ce pays-ci, tout le monde a perdu la tête : on veut des choses contradictoires. Par exemple, pour parler de ce qui se passe sous mes yeux, j'ai vu le budget de la douane de Cività-Vecchia. Les recettes, dans ce budget, ne sont nullement basées sur les produits de 1834, mais sur les quantités de marchandises que l'on sait avoir été vendues par les négociants du pays. Or, à chaque fois qu'un cardinal vient à Cività-Vecchia, ses gens se présentent chez les marchands drapiers et leur offrent de transporter leurs marchandises

à Rome moyennant la moitié des droits ; on traite
en général pour le tiers. La quantité de marchandises emportées par les voitures du pape, lors de
ses dernières visites, est incroyable. Città-Vecchia
étant un port franc, la douane a un bureau à la
porte de la ville, pour percevoir les droits à l'entrée
dans les États de Sa Sainteté. J'ai vu arriver à la
poste un énorme paquet de soierie sous forme de
lettres. On fit avertir l'employé de la douane attaché
à la poste. En pliant un peu le paquet, il s'assura
sur-le-champ qu'il contenait des tissus de soie et
s'écria tout joyeux qu'il y avait lieu à confiscation
à l'arrivée du paquet à Rome. Mais il changea de
contenance et de langage à la vue de l'adresse.
C'était celle d'un cardinal..... M. N..., ancien commissaire de police à Città-Vecchia, maintenant
employé à la poste aux lettres de Rome, prenait et
prend du drap et des tissus précieux chez tous les
marchands de Città-Vecchia, trop polis pour
jamais demander le paiement. Je l'ai vu prendre
une jolie paire de pistolets. J'ai quelque peine à
écrire ces détails qui peuvent sembler incroyables ;
c'est pour aller au-devant de ces reproches que
j'écris les noms..... Mgr Tosti a été jusqu'ici un
parfait honnête homme, mais il manque d'esprit

et hait qui en a..... Grâce au ciel, le pape n'est pas encore assez embarrassé pour être forcé d'avoir recours aux gens de mérite.

« Je prie Votre Excellence d'excuser ma mauvaise écriture, j'ai des raisons pour n'avoir aucune confiance dans ce qui m'entoure et je suis obligé de ne pas faire mettre au net mes lettres. »

Il était du reste impossible que les capitalistes eussent confiance dans le Trésor pontifical et lui fissent des avances, car il lui arrivait souvent de ne pas tenir ses engagements. On en jugera par l'anecdote que voici :

« Je ne sais si, au milieu des graves intérêts qui occupent Paris, l'anecdote suivante, qui agite tous les États romains, semblera digne de quelque attention.

« M. Alexandre Torlonia, duc de Ceri, le premier banquier de ce pays, se rendit adjudicataire de la ferme des sels et tabacs, il y a trois ans, dans un moment où aucun habitant de ce pays exalté ne croyait à la stabilité du gouvernement de Sa Sainteté. M. Torlonia versa une avance considérable, mais arrangea son contrat de façon à gagner 42 p. 0/0 ; quelques personnes disent beaucoup plus.

« Le pape, fort content d'avoir trouvé de l'argent,

dit alors à Mme la Duchesse Torlonia, mère de D. Alexandre : « Votre fils est le mien, il a sauvé l'État . » Maintenant, les énormes bénéfices de M. Torlonia paraissent par des dépenses excessives : les embellissements de sa villa à la porte Pia ont dépassé 600,000 francs, il refait l'escalier de son palais déjà magnifique, etc., etc.

« Monsignor Tosti, *tesoriere* (ministre des finances), cherche tous les moyens de casser le contrat des sels et tabacs, qui a encore deux ou trois ans à courir. Tous les prétextes proposés par Mgr Tosti sont repoussés par la congrégation des cardinaux à ce députés par Sa Sainteté, comme anéantissant le crédit du gouvernement, lequel est toujours à la veille de faire un emprunt.

« Parmi les diverses manières de jeter de l'argent adoptées par don Alexandre Torlonia, il s'est mis à agrandir une vaste maison qu'il possède près du jardin du Monte Pincio (ouvrage admirable de l'administration française qui bâtit ce jardin sur les ruines de cinq couvents).

« Mgr Tosti, décidé à contrarier en tout D. Alexandre Torlonia, a prétendu que par ces nouvelles bâtisses il avait empiété quelques pieds de terrain sur le jardin du Pincio. De là procès ; D.

Alexandre a gagné en première et seconde instance, ce qui, dans ce pays, établit la chose jugée et irrévocable, comme en France un arrêt de la cour royale, sur lequel la cour de cassation a rejeté le pourvoi.

« Le pape a cassé et annulé ces deux jugements conformes rendus en faveur de D. Alexandre Torlonia.

« Le retentissement et l'effroi ont été au comble ; chacun a vu sa fortune à la disposition du favori du pape (Gaetanino ou monsignor Tosti).

« Voici les fils secrets de cet événement, le premier de son espèce. Au commencement du procès un prélat raisonnable alla en parler au pape, qui répondit en homme de sens :

« Laissons la justice suivre son cours, après quoi je ferai cadeau des quelques pieds de terrain usurpés à D. Alexandre s'il perd son procès, ou mieux encore, ajouta Sa Sainteté, comme le Trésor est pauvre et Torlonia riche, je lui vendrai ce qu'il a pris. »

« Il y a loin de là à l'injustice énorme qui a eu lieu. Je ne cacherai pas qu'il est fort possible que D. Alexandre ait acheté les juges des deux premiers tribunaux, il pouvait être convenable de les destituer, mais il fallait respecter la chose jugée. Les deux arrêts annulés par Sa Sainteté furent que D. Alexandre pourra continuer à bâtir, en donnant caution qu'il démolira s'il perd la cause au fond.

« Mgr Tosti s'est concilié la faveur de son maître en ne parlant pas toujours de misères, comme Mgr Brignoli et les autres Trésoriers. Il est public qu'il dit au pape en toute occasion :

« Santità, per lei abbiamo sempre danaro. »

(Très saint-père, le Trésor a toujours de l'argent pour les besoins de Votre Sainteté.)

« Cependant le crédit de Mgr Tosti n'eût pas suffi pour engager un homme de sens à commettre une faute aussi énorme. C'est M. le prince de Roviano (Sciarra Colonna) qui a eu la gloire de convaincre Sa Sainteté par des arguments que tout Rome répète, mais tellement bouffons que je n'ose les rapporter.

« M. le Commandeur Torlonia, homme sage, pieux, a obtenu une audience de Sa Sainteté ; à peine le pape l'a-t-il vu qu'il est allé prendre sur sa table un papier et lui a répondu en lisant ce qui était écrit sur ce papier.

« Les choses en étaient là lorsque est arrivée la nouvelle de l'attentat du 28 juillet. Le gouvernement, s'exagérant étrangement la portée des discours malins de ses sujets, a eu des craintes sérieuses. Les Romains, dans ce moment, ne songent qu'au choléra qui est à Florence. Ce qu'il y a de sûr, c'est qu'on prépare les voitures du pape, et le mécontentement est à son comble, mais, dans ce pays, n'aura jamais de suites sérieuses. Chaque famille vit au moyen d'un petit abus toléré ; par exemple, un enfant de dix ans compte comme commis dans un bureau et est payé comme tel. »

Le résultat d'une pareille administration ne tarda pas à se faire sentir. Malgré l'assurance de Mgr Tosti, il vint un moment où le gouvernement pontifical se vit placé entre ces deux alternatives : ou d'ouvrir ses États au commerce et à l'industrie, c'est-à-dire à la civilisation et aux idées modernes, ou de se trouver dans l'impossibilité absolue de faire face à ses nombreuses charges.

« Mgr Tosti, *tesoriere* (ministre des finances), écrivait alors Stendhal, qui depuis un an passe pour jouir du principal crédit, s'est brouillé violemment avec M. Alexandre Torlonia, le banquier le plus riche de ce pays et le seul homme (avec M. le marquis Potenziani et Mgr Galanti) qui entende quelque chose aux finances.

« En ce moment les fonds manquent pour tout, et MM. Sebregondi et Lambruschini, peu d'accord entre eux, si ce n'est pour peindre tout en noir à Sa Sainteté, voudraient éloigner Mgr Tosti.

« On s'occupe fort de projets tendant à fournir de l'argent, et, toutefois, on voit avec peine la fréquence des bateaux à vapeur dont l'influence est regardée comme *éminemment corruptrice*. »

Stendhal était, on le voit, bien renseigné sur ce qui se passait à la cour romaine, si bien qu'on n'en trouvera nulle part un tableau plus vivant, plus saisissant et, croyons-nous, plus exact que les pages inédites qu'on va lire.

« Il est certaines vérités qui sont pénibles à dire parce qu'elles ont l'air d'une grossièreté ou d'un article de la *Tribune*. Toutefois, les choses grossières existent dans la nature et souvent il est utile de savoir la vérité tout entière, quelque désagréable qu'elle soit.

« Les détails que je vais avoir l'honneur d'exposer ont pour but de faire entendre que le gouvernement du Roi a un moyen de réussir dans beaucoup de choses qu'il fait traiter avec la cour de Rome. Cette cour se trouve, à peu de choses près, dans l'état qui est décrit par M. Lémontey dans son *His-*

toire de la promotion du cardinal Dubois. L'argent y est plus désiré que jamais, parce que, mal à propos sans doute, on a peur de tomber.

« Tous les faits suivants sont sans doute exposés avec bien plus de clarté et de profondeur par le négociateur sage et habile chargé des affaires du Roi à Rome. Mais le soussigné, n'étant éloigné d'aucune société par son rang, voit peut-être de plus près les faits dont il s'agit.

« Si je n'entre pas dans plus de détails c'est uniquement pour ne pas avoir l'air de faire un article de scandale, mais si des détails étaient désirés, je puis les fournir.

« Le Pape a retiré tout crédit au cardinal Bernetti qui l'a fait ce qu'il est. Le cardinal Gamberini, appesanti par l'âge, est absorbé dans les signatures à donner. Ses subordonnés ne lui prêtent qu'une obéissance jésuitique et toute de forme. Très souvent on fait le contraire de ce qu'il prescrit. Le Pape est un philosophe à la Vénitienne, vivant absolument au jour le jour et n'ayant aucune répugnance à laisser faire, par qui veut bien en prendre la peine, les affaires qui n'intéressent pas son bien-être physique. Les libéraux lui font peur ; il s'est mis à les haïr et, par conséquent, aussi le cardinal

Bernetti qui lui parle de les ménager. Le cardinal Gamberini, plus adroit et moins clairvoyant, ne parle jamais des libéraux et ne voit pas que leur nombre s'augmente.

« Le Pape, dégoûté du cardinal Bernetti, ne le garde que par une sorte de convenance. Sa Sainteté va voir tous les cardinaux malades, quand elle sort, dans un certain cortège ; c'est pour cela uniquement qu'elle est allée voir le cardinal Bernetti. (En général, la Gazette d'Augsbourg ne saisit pas tous les détails de cette cour.)

« Le Saint-Père s'est habitué, peu à peu, à gouverner avec le secours d'une sorte d'oligarchie qu'il laisse maîtresse absolue dans tout ce qui ne l'intéresse pas directement, mais qui respecte profondément sa volonté déclarée et les intérêts de Gaëtanino (valet de chambre de Sa Sainteté), lequel n'avait rien il y a quatre ans et marchande maintenant des immeubles de 200,000 francs.

« Une fois tous les huit jours, le Pape envoie prendre, dans une voiture du Palais, la personne chargée de ses intérêts. C'est un homme âgé, parfaitement honnête (chose rare ici où il n'y a pas d'opinion publique) et très dévoué. Souvent cet agent rapporte des sommes d'argent chez lui. On suppose une grosse somme placée à l'étranger. Cet été, un cardinal, déplorant avec Sa Sainteté l'état de l'opinion politique, prévoyait une grande confusion à la première guerre : le Saint-Père poussé à bout, lui dit : « Votre Eminence doit prendre ses précautions ; pour moi je me suis mis en règle ».

« Dans un dialogue, bien connu ici, que le Pape eut avec un négociant éclairé nommé Jacobelli (de l'Anguillera) il s'agissait de renvoyer une affaire de bleds à quelque cardinal. — « Je la renverrai au cardinal Galeffi. — On donnera 200 livres à Tomasini et la partie qui payera aura raison. — Hé ! bien, à un tel, dit Sa Sainteté. — Même réponse. » On parcourut ainsi le petit nombre des cardinaux capables de faire un rapport sur une affaire. Le singulier, c'est que M. Jacobelli, après la liberté de ce dialogue, et porteur d'un ordre impératif écrit par lui et signé par le Pape, n'a jamais eu de réponse sur cette affaire... Les fripons ont introduit plusieurs milliers de *robbes* des bleds de la mer Noire.

« En toute espèce d'affaire, s'il s'agit de la décision d'un cardinal, il faut avoir pour soi son valet de chambre. C'est pourquoi les habitants de Rome sont beaucoup moins maltraités que ceux de la province. S'il s'agit d'une décision de Sa Sainteté, il faut avoir pour soi Gaëtanino.

« *Affaires politiques.* — Le comte Moroni, âgé de 68 ans, colonel dans les gardes de Sa Sainteté, homme au-dessous du médiocre en tout et surtout pour l'intelligence des choses politiques, qui, par exemple, ne voit pas la différence qu'il y a entre un whig comme Lord Lansdowne et un radical, etc., est le grand instrument dont certains cardinaux se servent pour ruiner le crédit de Bernetti, lequel, quoique rempli de préjugés de province à certains égards, est cependant, depuis la mort du cardinal Albani, la première tête des cardinaux.

« Le comte Moroni est chargé de faire connaître les nouvelles politiques à Sa Sainteté. Tous les jeudis il préside une Commission de laquelle sont membres un moine portugais et un capitaine de grenadiers qui passent pour de fortes têtes. Cette commission voit tous les journaux, pèse leurs témoignages, vérifie leurs dires sur la carte et enfin dresse un procès verbal de sa séance. Le jeudi ou le vendredi, le comte Moroni porte ce procès-verbal à Sa Sainteté qui, d'ordinaire, l'interroge longuement. On suppose que l'erreur fondamentale de ces dialogues est de ne faire aucune différence entre le libéral modéré et un jacobin forcené. Quand M. Barthe (pair de France) est venu ici, le comte Moroni l'a pris pour un carbonaro furibond et il a été reçu assez froidement. M. Barthe a fait quelques recherches sur l'état des substitutions et majorats et autres objets tenant au droit. Le comte Moroni y a vu de profondes menées révolutionnaires et a dit au Saint-Père que M. Barthe jettait les bases d'une constitution jacobine pour ce pays-ci. Chaque jour amène une erreur de ce genre. Moroni tient note d'une phrase libérale prononcée il y a dix ans.

« En octobre 1834, Moroni avait appris de Sa Sainteté que l'administration Melbourne devait être bientôt remplacée par un ministère Wellington ou Aberdeen. On ne fit aucune attention à ce propos de Moroni qui passe pour un imbécille. Il ajoutait que les puissances travaillaient à séparer l'Angleterre de la France, avec l'intention de faire ensuite une guerre à mort à celle de ces deux puissances qui n'aurait pas voulu se réunir au reste de l'Europe. Ce qu'il y a de curieux c'est que Moroni dit sans cesse au Pape que M. de Lützow est un imbécile et que M. de Metternich est un homme bien dangereux pour le.....

« En octobre 1834 Moroni fit une tournée comme
[envoyé] dans les Légations. « Vous qui venez des
Légations, lui dit le Saint-Père, dites-moi ce que
vous pensez des centurions (espèces de confréries
à demi-secrètes organisées contre les libéraux). M.
de Lützow prétend que je dois les casser. Le
cardinal Spinola m'a écrit, par deux fois, qu'il me
présentera sa démission si je ne supprime pas les
Centurions ».

« Les Centurions, répondit Moroni, sont le plus
ferme appui du trône de Sa Sainteté. M. de
Lützow conseille de les supprimer ; cela doit engager Sa Sainteté à les maintenir. Nous devons tout
à M. de Metternich ; sans lui où en serions-nous ?
Mais il prétend abuser de notre position, etc., etc.
Conservez les Centurions comme l'institution la
plus utile. » —

« Le Pape laissa échapper un grand soupir. —
« Ah ! que vous me consolez. Oui, je les conserverai ;
je vais faire écrire au cardinal Spinola que, s'il
persiste, j'accepterai sa démission (de là le voyage
de ce cardinal à Rome). Et ce cardinal Bernetti
qui prétend que les Centurions sont dangereux et
qu'il faut ménager les libéraux ». — « Eux ou le
trône de Sa Sainteté doivent périr ».

« On pense bien que le soussigné n'a pas assisté à ce dialogue ; mais il a été rapporté en ces termes au cardinal Bernetti.

« Un jeudi, Moroni ayant représenté au Pape la cause légitimiste comme gagnant du terrain en Europe — « Il y a *ce* Bernetti, s'écria le Pape, qui prétend toujours que les libéraux doivent être ménagés ; tout le monde me trompe, mon cher Moroni ! »

« Les plus déterminés Carbonari se réunissent chez Mme..., la maîtresse de Massoni, le confident et le mercure du cardinal Bernetti ».

— « C'est par là que tous les secrets de l'Etat sont connus, s'écria le Pape fort irrité, car il avait peur. Vous avez vu les Français à Ancône ? Qu'en pensez-vous ? »

— « Qu'ils sont fort utiles au trône de sa Sainteté ; il faudrait les *payer* (on est sûr de ce mot)... ils font contrepoids à l'influence de M. de Metternich qui maintenant se souvient trop du service qu'il a rendu au trône de sa Sainteté. Le Pape devrait *payer* les Français pour les faire rester à Ancône. »

— « Vous m'étonnez beaucoup, mon cher Moroni. »

« A Rome, pays de longue main habitué à l'intrigue, tous les récits qui en sont susceptibles se donnent ainsi en dialogue, et les curieux cherchent à conserver les propres paroles des personnages puissans.

« Moroni a des correspondans dans presque toutes les villes de l'Etat ; ce sont ces correspondances qui justifient aux yeux du Pape sa confiance en Moroni et qui le rendent dangereux pour le cardinal Bernetti. Moroni est un homme absolument au-dessus de la séduction. Malgré son peu de lumière, c'est peut-être l'homme que M. Sebregondi redoute le plus, malgré son immense crédit. Moroni, passionné pour le succès de Don Carlos, est le véritable rédacteur en chef du Journal officiel.

« Le Pape aime à se délasser dans la société de la femme de Gaëtanino. Cette femme, qui peut avoir 36 ans, n'est ni bien, ni mal. Gaëtanino n'avait rien, il y a quatre ans, et maintenant marchande des immeubles de 200,000 francs. La conclusion d'une aussi longue lettre, c'est que dans toute chose qui ne serait pas hors de saison, une somme qui serait offerte à Gaëtanino déciderait du succès. Dans toutes les affaires ordinaires une somme offerte aux valets de chambre des cardinaux ferait pencher la balance en faveur du payant.

«... La plupart des fautes énormes que fait le gouvernement sont l'effet du hasard. Les personnages qui décident ne se doutent pas le moins du monde des conséquences funestes. A Rome, pour 5 paules (52 sous), on voit toujours un cardinal ou un prêtre influent. Un habitant de Rome peut donc toujours éclairer la personne de laquelle dépend son affaire. Je ne vois donc commettre à l'égard des Romains que les injustices utiles à qui les fait. Mais il n'en est pas de même en province, par la grande raison qu'on ne lit pas dans ce pays-ci ; on pourrait ajouter : on n'écrit pas. Un sujet de Sa Sainteté n'oserait jamais placer dans une lettre les détails caractéristiques et nécessaires pour donner, à qui lit, une idée juste et complette ; il n'y a d'exception que pour les procès.

« Un cardinal est absolument et *ipso facto* au-dessus de toutes les lois, par exemple il ne rend pas compte d'une administration ; un prince est à peu près au-dessus des lois ; un homme riche et qui a des relations étendues dans Rome dit fort bien à qui réclame de lui l'exécution d'un contrat : Plaidez contre moi.

« Mais ce qui est plus fort, un préfet se moque absolument du ministère de l'intérieur, n'agit que d'après

le caprice du moment, et feint presque toujours d'avoir mal entendu les ordres du ministère;
en un mot, employe à l'égard de ce Chef la tactique
dont la Cour de Rome fait usage avec les puissances qu'elle n'aime pas. Jamais les termes d'un contrat ne sont assez clairs et assez positifs. M. P...
par exemple se moque absolument du cardinal
Gamberini et du cardinal Bernetti; il dit publiquement, et dans ce pays tout se sait, *Bernetti et Gamberini me détestent et moi je les méprise.* Gamberini
et Bernetti disent de P...: C'est un fou qu'il faudrait chasser et les choses vont ainsi depuis.....
ans. P... n'obéit que dans les choses de détail.

« Viterbe, ville qui adorait le Pape il y a quatre ans
et qui a voulu se battre pour lui, siffle publiquement un Préfet au spectacle en haine de l'administration actuelle. Ce grand changement fait la joie
de M. Sebregondi, et, en ce sens, il est ennemi des
mesures à-demi raisonnables du cardinal Bernetti.
M. Sebregondi veut que les sujets de Sa Sainteté désirent être soumis au gouvernement de M. de Metternich. Depuis qu'on désespère d'être secouru par
les Français, beaucoup de libéraux pensent à s'arranger avec M. de Metternich, qui au moins, disent-
ils, ne fait pas des injustices *inutiles.*

« Voilà, ce me semble, un fait qui peut avoir de grandes conséquences pour l'avenir. On commence à parler beaucoup de ce qui se passe en Lombardie et en Toscane. Le principal citoyen d'une ville de 6,000 habitants disait devant moi : « Le Grand-Duc a peur, mais avant tout il ne veut pas déplaire à M. de Metternich et ma petite ville donnerait 200,000 francs pour passer sous le gouvernement toscan. »

« Maintenant si l'on me faisait l'honneur de m'interroger relativement aux moyens d'empêcher cette augmentation du crédit de M. de Metternich et l'oubli où semblent tomber les Français, je répondrais : un changement de ministère. Un ministère composé de Mgr Marini, Ciacchi, Galanti rendrait la confiance et l'espérance aux gens industrieux qui ne demandent qu'à faire leurs affaires sans se mêler de réformes. A chaque instant aujourd'hui, ces gens paisibles sont vexés, et ils deviennent libéraux.

« Si l'on pouvait porter le Pape à s'écarter un peu des usages établis, on pourrait former un ministère composé de Mgr Marini, Ciacchi, Galanti et de Mgr Luca.

L'essentiel serait de donner à Mgr Marini,

homme du premier mérite, la place du comte
Moroni. Mgr Marini est un homme riche, de 36
ans, sans contredit la première tête de ce pays.

« Mgr Ciacchi est ministre de la Police et le Préfet
de Police de Rome. Il y a 6 ans qu'il était officier
de dragons. Il a été Préfet et a été adoré dans sa
Préfecture parce qu'il n'a fait que *le mal utile à
lui*.

C'est un homme actif, intelligent, qui ose empêcher les friponneries des subalternes (Ce n'est pas
peu dire dans un pays où chaque employé à 12
écus par mois, est protégé par un cardinal, et dans
Rome la moindre injure se venge, rien ne s'oublie ;
on cite contre un homme un propos échappé il y a
20 ans). Mgr Ciacchi coupe court aux affaires, et ne
se couche jamais sans avoir fait *table nette* comme
on dit ici, c'est-à-dire expédié tous les papiers
accumulés sur son Bureau. J'irais jusqu'à penser
que Mgr Ciacchi a du courage. Chose inouïe, bien
imprudente de sa part, et dont tôt ou tard il se
repentira, il a osé proposer au souverain d'autoriser
un spectacle ; cette mesure retenait à Rome sept à
huit cents étrangers qui dépensent au moins 10
francs par jour et de la façon la plus utile pour le
peuple. Ces étrangers reviendront passer 10 jours à

l'époque de la Semaine Sainte, et, mourant d'ennui le soir faute de spectacle, vont passer le carême à Naples.

« La haute sagesse du souverain, modèle de toutes les vertus, a été sur le point d'accorder l'Opéra en carême, et a demandé conseil. Le vertueux cardinal Odescalchi, vicaire (évêque de Rome), ne s'est opposé que pour la forme à cette innovation, mais MM. de Gregorio et .... l'ont fait rejeter. Le Saint-Père a peur et devient cruel ; il a dit à Moroni : Si jamais je puis ne pas craindre les libéraux, le Bourreau se promènera dans l'État ; il est des choses qu'on ne saurait pardonner. Bien des gens que vous voyez en place ne sont employés qu'à cause de la nécessité des tems et leur tête serait des premières à tomber. La peur de Sa Sainteté est augmentée par les émissaires de M. de Metternich et par les amis de M. Sebregondi. On emploie des moyens indirects que probablement le Pape ne devine point. Cette peur est la base du crédit de Ciacchi qui, parmi les hommes en place, est peut-être le seul qui ait de l'activité.

« Voici une petite mauvaise action de Ciacchi qui n'est d'aucune conséquence.

« Un pauvre commis des environs de Bologne

gagnait 15 écus par mois, et est arrivé à Rome en décembre 1834 pour faire une réclamation qui même était fondée. Il avait une jolie femme dont un prêtre fit la connaissance. Le mari, bien ignorant des usages de Rome, se fâcha ; en janvier il fut mis en prison au secret comme libéral, et en février il a obtenu sa grâce, sous la condition de ne jamais approcher de Rome à moins de cent milles. Sa femme est restée. Peut-être Ciacchi a été trompé par un subalterne. Dans les provinces un homme fait un beau cadeau au valet de chambre du cardinal du pays, et l'adversaire contre lequel il plaide est mis en prison comme libéral. C'est à lui à faire un cadeau à un autre valet de chambre, pour en sortir. Ce sont ces traits-là qui font regretter le gouvernement de M. de Metternich. Si l'on avait des doutes sur la fréquence des affaires de ce genre, je suis persuadé que le général d'Ancône en possède une belle collection ; il comprend bien le Pape, le cardinal Bernetti et Rome.

« Il reste à parler de Bernetti. C'est un homme extrêmement inférieur à Mgr Marini par exemple. Quand il est poussé à bout par un raisonnement et qu'il ne sait que répondre, il dit gravement : Le doigt de Dieu y pourvoira ; il ne laissera pas périr son église. Ce qu'il y a de plaisant, c'est de voir cet air de conviction profonde à un homme qui est habituellement en état de *péché mortel* (Article femmes).

« Le pape est entièrement dégoûté de lui ; le comte Moroni et la petite oligarchie l'ont détruit. Bernetti croit imiter la sagesse de M. de Metternich et conserver le *statu quo* ; il ne voit pas qu'en laissant voler tous les subalternes, et en permettant à tous les préfets qui le veulent, de suivre leurs caprices, il a rempli de libéraux le pays de Spolète à Terracine, qui en comptait fort peu en 1831. L'état de Rome rassure le cardinal Bernetti. Il ne voit pas qu'à Rome chaque famille vit d'un petit abus dont elle redoute la chute ; et quand un habitant craint une injustice il donne un écu au valet d'un cardinal et plaide sa cause. Rien n'est moins difficile en général que d'avoir la protection d'un cardinal.

« Par exemple, Mgr Ciacchi voulait que les cafés fermassent à la même heure. Mais les cardinaux veulent que les cafés vulgaires soient obligés de fermer 2 heures après le coucher du soleil, parce qu'ils peuvent vendre leur protection à certains cafés pour fermer à 3 heures de nuit, à minuit et quelquefois pas du tout. Souvent le valet de chambre d'un cardinal fait cette affaire à l'insu du cardinal. Mais en général un cardinal accorde sa protection et la faculté de ne fermer qu'à 4 h. (de France) à un café quand celui-ci s'oblige à prendre ses petits pains chez le boulanger du cardinal. Ceci se passe en 1835, et n'est point une vieille histoire renouvelée. A chaque instant Mgr Ciacchi est arrêté pour les mesures qui semblent les plus simples. En 1780, personne ne se fâchait des choses de ce genre, elles indignent aujourd'hui. Serions-nous inférieurs aux autres peuples, disent les Romains.

« Voilà ce que le cardinal Bernetti n'a pas le génie de comprendre. Tous les jours le Pape le trouve plus ridiculement libéral. La Cour de Sa Sainteté regarde comme Jacobins des personnages qui en Europe ont une réputation contraire, les lords Grey, Lansdowne, etc.

« La conclusion de tout ceci, c'est qu'en cherchant un agent aussi adroit que ceux employés par M. l'Abbé Dubois, premier ministre, on dirigerait la volonté de 40 Cardinaux sur 50 par leurs valets de chambre, et enfin celle de Sa Sainteté par Gaëtanino. Le seul obstacle serait M. Sebregondi,

mais il ne fait pas de cadeau aux valets de chambre.
M. de Lützow est nul.

« Les détails sur Gaëtanino peuvent sembler exa-
gérés et j'ai beaucoup de répugnance à les donner.
Mais enfin il est de fait que le Pape ne refuse rien
à Gaëtanino et que la petite oligarchie a même du
respect personnel pour Gaëtanino.

« Gaëtanino et sa femme occupaient une chambre
au-dessus de celle de Sa Sainteté. Gaëtanino a fait
observer au Saint-Père que depuis longtemps il
fesait lit à part ; il a demandé à laisser à sa femme
l'usage de cette chambre et à en prendre une autre
beaucoup plus éloignée, ce qui a été accordé.

« Je ferai observer qu'en vivant familièrement
avec les *Mezze case* (la haute bourgeoisie) on finit
par tout savoir en ce pays. La noblesse n'aime
point le Pape qui ne prend pas ses cardinaux parmi
elle, mais par esprit *conservateur,* elle se garde
d'avouer certaines choses.

« Je finirai par une anecdote qui a beaucoup occupé
la Cour de Rome pendant le Carnaval, et dont j'ai
connu le héros. Cela ne signifie rien au fond et je
n'en parle ici que parce qu'il est possible que les
journaux s'en emparent.

« A l'époque de l'occupation française, le R. P.

11.

Mauro Capellari quitta son couvent, situé dans une île, à une demie-lieue de Venise, et entra chez M. Matinelli, noble de Venise, pour faire l'éducation de son fils. Le Père était fort savant et avait toutes les vertus ; il s'établit une tendre amitié entre le maître et l'élève. Quand le R. P. Capellari quitta Venise, il continua à avoir un commerce de lettres avec son élève, M. Matinelli fils. Il a exigé dernièrement que M. Matinelli vînt à Rome ; il est arrivé vers Noël et a quitté Rome le second jour de Carême. M. Matinelli peut avoir 36 ans, 12 ou 15,000 fr. de [rente]; il a l'âme belle et beaucoup de bon sens. Du reste parfait Vénitien, il aime le plaisir par dessus tout et a horreur de toute gêne. Il fait de bons ouvrages historiques que M. de Metternich ne lui permet pas d'imprimer, mais les refus sont exprimés avec beaucoup de politesse.

« Il a été reçu par Sa Sainteté comme un fils et a passé chaque jour 5 ou 6 heures avec elle. M. Matinelli a en horreur le rôle d'un courtisan adroit et prudent. C'est à son corps défendant qu'il a accepté la croix de Saint-Grégoire que son ancien maître a voulu absolument lui donner. La rondeur et le *peu m'importe* font la base du caractère de Sa Sainteté. Le Pape se regarde comme un pauvre homme qui a gagné le gros lot d'une riche loterie, mais n'est nullement ébloui de ce hasard et regarderait comme humiliant, *pour son esprit,* de ne pas jouer le rôle de souverain avec aisance. Dans les cérémonies de sacristie, Sa Sainteté fait la conversation avec aisance, pendant que des quantités de moines viennent lui baiser le pied. Le Pape s'applique avec soin à tirer tout le parti possible de sa position pour sa santé et son bonheur. C'est le véritable caractère du philosophe vénitien, que rien n'éblouit et qui est toujours amateur des plaisirs, et de sens froid à la première place comme à la dernière. Les seuls libéraux troublent sa vie et il les hait. Le gouvernement de l'Église, les disputes entre couvents, le soin de nommer les plus dignes aux places ecclésiastiques, occupent surtout Sa Sainteté. Les soins temporels ne viennent qu'après, et la modestie, qui est une des vertus de Sa Sainteté, fait que souvent, lorsqu'il s'agit des choses temporelles, elle s'excuse sur son ignorance.

« Sa Sainteté prenait M. Matinelli avec elle dans ses promenades ; le faste qui accompagne le souverain gênait M. Matinelli : — « En vérité, je ne sais comment parler à Votre Sainteté. — Comme autrefois, je suis toujours le maître et vous le disciple. »

« Arrivé à deux milles hors la ville, le Pape descendait de voiture, prenait M. Matinelli sous le bras, et promenait pendant deux heures, laissant sa suite à cinquante pas derrière. Cette suite était fort étonnée, et même un peu alarmée. Les gens au courant prétendent que si M. Matinelli, qui est veuf, l'eût désiré, il eût pu devenir Prélat, grand Chambellan, et bientôt Cardinal, mais rien n'est plus antipathique au caractère ouvert et gai de M. Matinelli que les devoirs imposés par les grandes places.

— « Votre Rome me paraît la plus triste chose du monde, disait-il au Pape, et je suis sûr qu'il ne se passe pas de journée sans que Votre Sainteté ne regrette Venise ». Sa Sainteté demandait souvent des nouvelles, parlait de tout avec la simplicité qu'un noble vénitien a avec ses intimes, et disputait souvent avec M. Matinelli.

« Celui-ci s'est fait un point d'honneur de ne rien changer à son langage. En parlant d'un Cardinal il disait fort bien : Ce coquin d'un tel ! et, si le Pape criait, M. Matinelli soutenait son avis, comme il eût fait en particulier.

— « Je n'ai pas menti une seule fois au Vatican, disait M. Matinelli. Pour me rappeler mon devoir

je ne suis jamais allé chez Sa Sainteté qu'en redin-
gote. — Excepté feu le Cardinal Albani, disait
M. Matinelli, la plupart de vos Cardinaux ne sont
pas de force à être sous-préfets. Ils vous font haïr
bien gratuitement. »

— « Tant pis pour qui me hait ; on ne viendra
pas m'arracher de ce fauteuil ! Et où vouliez-vous
que je trouve des gens de la force d'Albani ? Que
pensez-vous de un tel ? »

— « C'est un des plus insignes coquins de votre
Cour. »

— « Et Ciacchi ? » — « C'est un homme du premier mérite, il en faudrait une douzaine comme
cela à Votre Sainteté. »

« Sa Sainteté comparait sans cesse les personnes
qu'elle emploie aux personnes employées par Napoléon à Venise vers 1810. Pendant des promenades
entières, Sa Sainteté parlait à M. Matinelli d'astro-
nomie et des progrès que cette science a faits
depuis Lalande. Sa Sainteté est absolument un
noble vénitien devenu doge, et parle des souverains
absolument comme si de tout temps ils eussent été
ses égaux. — « D'ailleurs, que peuvent ces gens-là
contre nous ? » (*Nous* pour moi, façon de parler que
Sa Sainteté a adoptée avec beaucoup d'aisance).

« En arrivant à Rome il y a quelques années, le P. Capellari avait écrit à M. Matinelli une lettre critique sur tout ce qu'il voyait dans le gouvernement ; il finissait par exprimer la plus grande envie de retourner à Venise et le plus vif dégoût pour tout ce qu'il voyait à Rome. M. Matinelli a parlé de cette lettre à Sa Sainteté. — « Je la verrais avec plaisir ». Le lendemain M. Matinelli l'a apportée. Sa Sainteté a beaucoup ri en la lisant. — « Si vous vouliez la signer de votre signature actuelle, ce serait une pièce bien curieuse dans ma Bibliothèque ». Sa Sainteté a pris la lettre, et l'a signée en riant.

« Le Pape ayant été pauvre toute sa vie, n'a pas l'idée de plaisirs bien délicats, mais ceux-là il les savoure avec la véritable philosophie d'un Vénitien. Sa Sainteté parle de 15 ou 20 fr. comme d'une somme considérable. Elle a en horreur la dignité et *la Comédie sublime* que certains Conseils français voudraient lui faire jouer. Sa Sainteté lisait les *Paroles d'un Croyant* avec beaucoup d'admiration : « Quel style ! » — « Celui de la condamnation qu'on vous a fait signer ne ressemble pas à [celui-là] ». — « Pièces de chancellerie, répondit le Pape. Rappelez-vous les réceptions officielles d'un tel » (Sa Sainteté nomme un seigneur vénitien dont j'ai oublié le nom). Ce qu'il y a de singulier, c'est que M. Matinelli ne s'est pas démenti un seul moment. La veille de son départ, il revenait du Vatican ; nous le vîmes, sans croix — « J'ai pris congé de Sa Sainteté, je ne la reporterai jamais (la décoration). *Mi par mill' anni di riveder l'Opera a Venezia* [1]. *J'y serai dans sept jours, grâces à Dieu !* Sa Sainteté, qui sait que M. Matinelli connaît la famille Capellari, ne lui a pas dit : *Salutateli di mia parte* [2]. C'est un usage auquel aucun italien n'eût manqué.

« M. Matinelli et nous, étions pénétrés de la plus vive admiration pour les vertus naïves et sublimes de Sa Sainteté.

« Je résume cette longue lettre. A Rome, vexants comme vexés, personne ne croit à la durée de l'arrangement actuel (bien à tort selon moi). La *prévoyance,* qualité si opposée au caractère romain, s'est mise en honneur. Le raisonnement qui pendant des siècles a régné dans cette Cour de célibataires : *Cela durera plus que moi,* trouve toujours

1. Il me semble qu'il y a mille ans que je n'ai revu l'opéra à Venise.
2. Saluez-les de ma part.

cette réponse : Oui ! si vous mourez dans l'année. Tout le monde craint que la première guerre entre la France et l'Autriche ne prenne son champ de bataille dans la fertile Italie. Mgr Marini disait : L'Italie succédera aux Pays-Bas. Cette espérance fait tout l'avenir des peuples, de Bologne et Ferrare à Spolète et Rieti. Les troubles ne pourraient être conjurés que par un ministère Marini, Ciacchi, Galanti, Luca. Le Cardinal Bernetti a cru maintenir le *statu quo* et s'est complètement trompé. En laissant agir à leur tête les fous comme Mgr P..., les libéraux ont triplé en nombre depuis 1831. Quant à nous, nous pouvons tout obtenir par Gaëtanino. Par bonheur, M. de Metternich, M. de Lützow et M. Sebregondi ne veulent pas donner d'argent. Le frère du Cardinal Sala a dominé Rome, les Romains et le trône de Sa Sainteté par l'argent et a gagné des sommes énormes. Par son moyen plusieurs Cardinaux touchaient une paye double. Gagner de l'argent n'occupait guère un romain avant 1796; aujourd'hui c'est l'idée dominante. La grande conversation entre les Cardinaux est : Que fera-t-on si les Français viennent ici ? Jamais Rome n'a été si vénale. Autrefois c'était la volupté qui avait besoin d'écus, aujourd'hui c'est

la prudence. Il n'y a presque pas de famille qui,
par abus, ne prenne 7 et 8 écus par mois au Trésor.
J'ai découvert dernièrement qu'un enfant de 15 ans,
qui fait son éducation, touchait, depuis longtemps,
20 écus par mois comme employé dans un bureau.
Un Monseigneur touche 50 écus par mois comme
pauvre, il passe pour fils d'un Cardinal.

« Un employé a été envoyé à la douane de Cività-
Vecchia. Le directeur a découvert, à son grand
étonnement, que cet homme ne savait pas écrire,
était dans l'impossibilité même de signer son nom.
— « Et que venez-vous faire ici ? » — « Gagner
une pension de retraite ». En effet, six mois après,
cet employé a reçu le brevet d'une pension égale
à la moitié de son traitement. Il est fils du domes-
tique d'un Cardinal.

« De Bologne à Spolète les jeunes gens roma-
nesques rêvent une charte. L'immense majorité
vivrait fort tranquille et s'estimerait fort heureuse,
si elle était gouvernée comme la Lombardie, où il
suffit de ne pas lire et de ne jamais parler politique
pour être traité avec justice par le Souverain. Le
Pape comprend cette idée, mais il est emporté par sa
haine pour les libéraux et les conseils de Moroni.

« Je suis, etc. ».

C'est d'après les *mezze case,* la bourgeoisie, que Stendhal traçait de la cour romaine le tableau que l'on vient de lire. Il fut en état d'observer par lui-même le souverain et son entourage lorsque Grégoire XVI vint faire une excursion à Cività-Vecchia, au printemps de 1835.

XIV.

Détails sur Grégoire XVI et sa cour. — Voyage du pape à Cività-
Vecchia.

Le pape Grégoire XVI, contrairement à ce qu'avait été son prédécesseur, fut un pape voyageur. Il aimait à voir de près les populations sur lesquelles il régnait et à s'enquérir de leurs besoins, quitte à oublier toutes leurs réclamations dès qu'il était loin d'elles. Durant son pontificat de quinze ans, il visita successivement Ancône, Terracine et Cività-Vecchia. Le 19 mai 1835, Beyle annonçait le prochain voyage du souverain pontife dans cette dernière ville. « Je profite, écrivait-il, du départ du bateau à vapeur, *la Méditerranée*, pour annoncer à Votre Excellence la prochaine arrivée de Sa Sainteté en ce port.

« On attend le pape demain 20 mai. Sa Sainteté honorera la ville de sa présence pendant trois jours ; il y a 31 ans qu'un pape n'est venu à Cività-Vecchia. On élève un arc de triomphe au milieu de la place San-Francesco, la principale de la ville. Il y aura illumination du port. En général les habitants sont indifférents. C'est avec peine que l'on recrute des jeunes gens appartenant au commerce pour dételer les voitures de Sa Sainteté. Il y a 4 ans, on se serait disputé cet honneur. Ce changement a été opéré par l'administration capricieuse de monseigneur P..., délégat de cette province (préfet).

« Ce qui frappe le plus le haut commerce, qui est l'aristocratie de ce pays, c'est que Sa Sainteté est accompagnée de M. *Sebregondi,* qui aura, dit-on, son logement au palais du pape. On s'attend à de grandes mesures politiques. Il y a longtemps que je n'ai été à Rome, je ne comprends pas pourquoi l'on aurait choisi le séjour d'une petite ville. Peut-être veut-on profiter de l'absence de M. le cardinal Bernetti.

« Je crois avoir parlé de M. Sebregondi dans ma lettre du 5 avril..... Au risque de me répéter, je dirai que M. de Metternich a admirablement compris que l'on ne peut mener la Cour de Rome qu'en la payant ou en lui fesant peur. Or, ces gens à imagination ne sont jamais effarouchés longtemps d'un homme qu'ils connaissent à fond, d'un ambas-

sadeur par exemple. M. de Metternich a toujours à
Rome un agent secondaire qui inquiète beaucoup
les 20 ou 30 personnes qui forment la Camarilla en
ce pays.

« Nous avons vu d'abord M. Proketch qui, à
Rome, passait pour le fils naturel de M. de Metternich ; homme sans moyens, M. Schregondi, l'épou-
vantail actuel, remplit admirablement sa mission.
Il fait peur à tout le monde, même à la municipalité de Città-Vecchia. Je ne lui connais d'anta-
goniste que le seul comte Moroni, vieillard sans
talens et d'ailleurs absorbé, dans ce moment-ci,
par les nouvelles d'Espagne.

« Le pape régnant a toutes les vertus, mais Sa
Sainteté ne fait rien dans la partie riche de ses
Etats, de Bologne à Ancône, et de Spolète à Rimini,
sans avoir l'assentiment de M. Sebregondi.

« Votre Excellence aura su que M. Bernetti vient
de remporter, il y a six semaines, un petit avantage sur ses ennemis. Ses attributions ont été un
peu augmentées.

« La grande préoccupation de la Cour de Rome,
c'est la guerre civile en Navarre. Si Don Carlos est
chassé, on redoute à Rome un acte de faiblesse du
roi de Naples envers la Sicile. On suppose à Rome

qu'en mai 1834, S. M. le roi de Naples a été déjà sur le point de faire des concessions funestes.

« Je suis, etc..... »

Beyle, malade, ne put se présenter à l'audience qui fut donnée aux consuls. Quelques jours après, il vit cependant le pape et nous le montre comme un vieillard alerte et gai, très différent enfin de l'opinion assez répandue qui le considère comme le promoteur de la réaction qui suivit dans l'État romain la révolte des Romagnes. Les documents les plus dignes de foi concordent absolument avec l'opinion de Stendhal. Il est probable que les plus grands défauts de Grégoire XVI furent sa faiblesse et son amour de la bonne chère, qui ne paraît pas contestable. Entraîné par ces travers, il laissa tout faire à certains de ses cardinaux : Tosti, que nous connaissons déjà ; Bernetti, autrefois le chef du parti libéral au conclave et maintenant « se faisant ultra pour rester [1] »; enfin Lambruschini. C'est à ces ministres, surtout au dernier, qu'il faut faire remonter la responsabilité des rigueurs du règne.

Certaines circonstances du récit fait par Stendhal

____

1. *Correspondance*, t. II, p. 151.

de la visite du pape suffisent à montrer en effet que,
si ce prince échappait en de rares instants aux idées
et aux préjugés de son entourage immédiat, il
était le plus souvent soumis à des influences qui
s'exerçaient presque toujours dans un sens hostile
à la France et aux idées qu'elle représentait. Les
extraits suivants permettront d'en juger :

« Hier, 21, Sa Sainteté est allée aux Alumières ;
aujourd'hui elle est allée voir les salines de Corneto. J'espère que ce soir elle honorera de sa présence le bateau à vapeur *le Sully*. Je me suis
entendu à ce sujet avec Mgr Fieschi, *maestro di
camera* de Sa Sainteté. Sa Sainteté montre la
vigueur, la force et la gaieté d'un homme de vingt
ans. M. Sebregondi est constamment avec elle.....
Sa Sainteté est arrivée aujourd'hui à une heure
après midi. Sa voiture a été dételée aux Case-
Nuove, à cinq cents pas de la ville. Les premiers
négociants de la ville, MM. Guglielmotti, Defilippi,
Alberti, etc., ont traîné la voiture du pape jusqu'à
la porte. Là, Sa Sainteté est descendue et elle a
traversé à pied toute la ville pour venir à son
palais. Sa Sainteté s'est arrêtée pour lire l'inscrip-
tion de l'arc de triomphe qu'on avait élevé sur la
place de Saint-François ; elle est entrée dans l'église

de ce nom pour faire sa prière. Sa Sainteté paraissait fort sensible à l'accueil qu'elle recevait et qui, réellement, n'a rien laissé à désirer.

« Je suis dans mon lit avec la fièvre et la goutte depuis deux jours[1]; je me suis fait soigner aujourd'hui et j'espère demain pouvoir me présenter à l'audience de Sa Sainteté avec les autres consuls.

« ... Sa Sainteté est arrivée de Rome à Cività-Vecchia le 20 mai ; elle était accompagnée de sa cour, de MM. les ministres des finances et de la guerre et de M. Sebregondi, agent autrichien, qui ne l'a pas quittée un instant. Sa Sainteté a été reçue de la façon la plus satisfaisante. J'étais retenu au lit depuis deux jours par la fièvre, ce qui m'a empêché de me rendre à l'audience que Sa Sainteté a accordée aux consuls le jour de son arrivée. J'ai envoyé à ma place M. Lysimaque Tavernier, chancelier du consulat, lequel a été reçu de la façon la plus distinguée ; Sa Sainteté ayant témoigné une vive curiosité relativement au procès que la cour des Pairs juge à Paris, j'ai cru devoir adresser à Mgr Fieschi, *maestro di camera*, les deux premières dépêches télégraphiques des 6 et 7, que je venais

---

1. Voir plus loin : page 244.

de recevoir de M. Tellier de Blauriez, Sa Sainteté
a paru très sensible à cette attention ; elle a lu la
lettre de M. Tellier de Blauriez avec l'intérêt le
plus marqué, et Mgr Fieschi m'a écrit une lettre de
remerciement..... Le 23, Sa Sainteté est montée
sur le bateau à vapeur *la Méditerranée,* à onze
heures un quart. Elle s'est fait conduire aux salines
de Corneto, à onze milles de Cività-Vecchia ; là, le
pape est descendu, a visité les salines, est remonté
sur le bateau à vapeur et est rentré à Cività-Vecchia
à quatre heures et demie, ayant navigué ainsi l'es-
pace de dix lieues sous le pavillon tricolore..... La
marine militaire du pape consiste en une goëlette
de douze canons construite par les Français avant
1814. Le jour de l'arrivée de Sa Sainteté, M. le
ministre des finances, M. le ministre de la guerre
et le prince de Roviano ont fait appeler deux habitants de Cività-Vecchia absolument étrangers à la
marine, mais qui passent pour des gens de bon
sens, et leur ont demandé s'ils croyaient qu'on pût
confier la personne du pape à l'habileté de ses officiers de marine. Ces messieurs ont été fort embar-
rassés et ont cherché à faire entendre avec tous les
ménagements convenables que MM. les officiers de
la marine, d'ailleurs pleins de zèle et d'activité,

n'avaient peut-être pas toute l'expérience néces-
cessaire pour conduire le pape aux salines, c'est-
à-dire à onze milles du port..... Je n'ai pu voir le
pape même à son départ, étant toujours retenu au
lit par la fièvre et la saignée. Sa Sainteté a été
parfaite pour tout ce qui est français. J'apprends
que sa navigation de dix lieues sous le pavillon
tricolore a produit le plus grand effet à Naples. Le
pape a été constamment un homme gai, jouissant
de sa position ; au départ, elle (*sic*) serrait la main
à tout le monde, ce dont gémissaient le prince
Massimo et les autres courtisans attachés à l'éti-
quette.

« Quelque étrange que le fait suivant puisse
paraître à Paris, je regarde comme constant que le
gouvernement de ce pays voit avec peine l'arrivée
des bateaux à vapeur à Cività-Vecchia. La diffusion
d'opinions qui ne sont pas les siennes est à ses
yeux le plus grand mal possible. La course de dix
lieues que Sa Sainteté a daigné faire sur le bateau
à vapeur *la Méditerranée,* et les respects sans
bornes dont, d'après mes prières, Sa Sainteté a été
l'objet à bord ont fortement contrarié certaines
personnes, et j'espère avoir à porter remède à
moins de tracasseries pendant deux ou trois mois. »

Ce que Stendhal ne dit pas, c'est que ces voyages ne contribuaient pas peu à augmenter la pénurie du Trésor pontifical. M. Petruccelli della Gattina prétend que dans le seul voyage de Cività-Vecchia, qui coûta 80,000 écus, la suite du pape fit passer pour 70,000 écus de contrebande [1]. Quelque peu de confiance que l'on doive accorder à son ouvrage, qui est avant tout un long pamphlet contre la papauté, il faut reconnaître que ce que nous savons par Stendhal de la cour et des finances romaines rend son affirmation tout au moins assez plausible. Le fait de la fraude faite à l'aide des voitures du saint-père a été signalé par Stendhal lui-même dans un des passages que nous avons cités. Ce n'est pas, au reste, le seul point où le témoignage de Stendhal soit corroboré par d'autres informations. Des extraits qui précèdent se dégage, croyons-nous, cette double conclusion que le pouvoir temporel des papes travaillait lui-même à sa ruine et que, longtemps d'avance, la pénétration de Stendhal avait su le distinguer.

1. *Hist. diplomatique des Conclaves*, t. IV, p. 420.

XV.

Craintes causées au gouvernement papal à la fois par les menées révolutionnaires et les épidémies. — Echec du pouvoir. — Le choléra dans l'État-Romain.

Beyle avait pris possession de son poste depuis
quelques mois à peine quand le choléra éclata en
Europe. — Après avoir exercé ses ravages en
Angleterre et dans le Nord, le fléau avait fait son
apparition à Paris, à la fin de mars 1832. Beyle
avait donné trop de preuves de courage, il avait vu
de trop près, en Russie et ailleurs, les maladies
épidémiques qui sont la suite ordinaire des grandes
armées, pour être ému d'un tel événement. Il ne
trembla même pas pour ses amis. En apprenant le
développement qu'avait pris à Paris l'épidémie,
il écrivait à l'un d'eux ce mot charmant : « Je
pense que vous ne vous êtes pas plus ennuyé que
l'on ne s'ennuie pendant une bataille [1]. » Mais si

---

1. *Correspondance*, t. II, p. 157.

12.

Stendhal n'avait pas de craintes, il n'en était pas de même des populations au milieu desquelles il se trouvait.

« La peur, écrivait-il, est extrême dans les États romains, on affiche des édits pour recommander la propreté[1], on fait des processions qui ont du moins le mérite de frapper vivement l'esprit des peuples. Le gouvernement romain manque d'argent ; les employés ne sont pas payés, il est à craindre que la corruption ne trouve moyen de traverser les cordons sanitaires.

« Jusqu'ici, l'état de la santé publique est fort satisfaisant, car je ne fais pas entrer en ligne de compte les fièvres qui sont plus nombreuses cette année que de coutume ; moi-même j'ai été malade pendant deux mois ; les trois quarts de ces fièvres proviennent du manque de propreté ; l'algue pourrit sur le rivage de la mer ; les rues sont remplies d'ordures infectes, ce qui donnerait des craintes pour le nombre des malades si le choléra morbus parvenait jusqu'à l'État ecclésiastique. »

1. V. ces édits dans *Raccolta delle leggi e disposizioni di publica amministrazione nello stato pontificio*. t. VI. pp. 61 et suiv. Rome, 1835, in-8°.

Mais le choléra n'était pas seul à redouter. En même temps que le manque de soins et de précautions devait nécessairement favoriser les progrès du mal, l'ignorance et l'affolement des populations créaient un danger plus grand encore que celui de l'épidémie. On pouvait craindre de voir se renouveler en Italie, et en bien d'autres proportions, les scènes hideuses dont Paris venait d'être le théâtre[1]. « Ce sont les révoltes et les assassinats, disait Beyle dans sa correspondance privée, et non la maladie qui nous feront danser ici[2]. » Sa correspondance politique exprime la même opinion avec plus de détails.

« Votre Excellence, disait-il, aura sans doute reçu de l'agent éclairé qui, de Rome, correspond directement avec elle, les détails suivants.

« La terreur du gouvernement romain est à son comble. L'attentat du 28 juillet, non-seulement a présenté à l'imagination des vieillards qui gouvernent ce qu'ils seraient devenus si, par une supposition tout à fait absurde, la garnison d'An-

1. A la suite de bruits absurdes d'empoisonnement, plusieurs personnes avaient été massacrées en plein jour et en pleine rue.
2. *Corr.*, t. II, p. 162.

cône était devenue propagandiste, mais de plus leur a fait redouter une imitation directe du crime. Ce dernier motif de crainte est encore plus singulier, s'il se peut, que le premier. Chaque famille à Rome jouit d'un petit abus qui grève le trésor. Les Empereurs romains se soutenaient en distribuant au peuple l'argent des provinces. Cette façon d'agir est imitée suivant les proportions du temps. Les terres du voisinage immédiat de Rome payent moins. Les familles des artisans aisés obtiennent des dots de 40 écus pour leurs filles. Un bon bourgeois a un fils de 12 ans qui compte comme commis dans un bureau, et qui touche à ce titre 20 écus par mois. Il y a des abus bien plus curieux, mais ils exigent une explication en deux pages, les rouages de l'administration étant ici extrêmement compliqués, et personne en général n'obéissant à un chef pour les choses du personnel. J'ai vu arriver un employé des douanes à Cività-Vecchia; le directeur découvrit bientôt qu'il ne savait pas lire et lui fit quelques reproches modérés. « Je vous prie, Monsieur, répondit l'employé, d'écrire à Rome que je suis incapable »; cet homme insista; on écrivit, et il fut réformé avec la moitié de son traitement (12 écus par mois).

« Ce peuple-ci, je parle de Rome seulement,
répétera sans cesse les satires les plus sanglantes,
mais ne se révoltera jamais. En l'absence de la
colère personnelle, il est de la plus insigne lâcheté !
C'est qu'un Romain ne fait aucun cas de l'estime
du voisin.

« Ce peuple offre, dans ce moment, le spectacle de
la peur sous toutes ses formes, et cela parce qu'un
ivrogne est mort cholérique à Bologne et qu'un
semblable accident est arrivé à Florence. Cette
peur, qui affecte surtout les vieillards gouvernans,
les a disposés à la prostration de forces qui s'est
manifestée à la nouvelle de l'attentat du 28 juillet.
Les plus habiles se consolent en espérant que le
gouvernement du roi restreindra la liberté de la
presse.

« La peur du choléra l'a emporté sur la peur
politique. On a décidé d'envoyer toutes les troupes
disponibles sur la frontière et le long du rivage de
la mer. Tout ce qui sera employé dans les environs
de Cività-Vecchia, d'Orbitello et Fiumicino prendra
la fièvre. Pour remplacer ces troupes on a donné
avis à la garde nationale (la *civica*) qu'elle allait
être remise en activité.

« Ce qui a augmenté les craintes, c'est qu'au

moment où on a reçu la nouvelle de l'attentat du 28 juillet, de mauvais conseillers venaient de porter Sa Sainteté, qui a toutes les vertus, à commettre un acte arbitraire que le public a pris en fort mauvaise part. Sa Sainteté a cassé et annulé deux *sentences conformes*, rendues contre le fisc et en faveur de M. Alexandre Torlonia. L'intérêt était des plus minimes. C'est comme si, en France, Sa Majesté cassait un arrêt de Cour royale, confirmé par la Cour de cassation.

« Le légat modéré de Bologne, M. le cardinal Spinola, dont j'ai eu l'honneur de parler dans ma lettre précédente, a été remplacé par S. E. M. le cardinal Machi. Ce personnage doit être connu à Paris. Voici ses moyens d'influence et leur histoire. M. Vincent Machi était chanoine avec sept écus par mois dans une église des environs du lac de Bolsène, quand son bon génie le fit venir à Rome. Il fit la cour à un prélat puissant qui lui fit obtenir la place de sous-secrétaire de la nonciature de Portugal. Dans ce pays, où les pouvoirs des évêques étaient beaucoup plus restreints qu'en France, la nonciature jugeait beaucoup de procès et vendait beaucoup de dispenses. Le nonce suivit le roi au Brézil. M. Machi se trouva seul, et amassa, dit-on, deux millions de francs. A son retour à Rome, il a présenté un compte duquel il résultait un boni de 100 mille francs, et l'on a été trop heureux de recevoir cette somme. Celle que M. Machi a gardée pour lui, lui procure beaucoup de crédit. Un paysan, son neveu, a été fait comte et *rincontro di Camera* (intendant des finances) à Cività-Vecchia. Mgr Cazanelli (maintenant évêque de Corse et bien repentant) a rendu un grand service en empêchant que M. le cardinal Machi ne soit élevé à la papauté. Tout le monde pense ici que son administration à Bologne produira du sang.

« Le but de cette lettre est d'avertir de la prostration de forces où est plongé ce gouvernement. Si l'on avait intérêt à avoir de l'influence, elle serait facilement obtenue par un petit bâtiment de guerre croisant devant Cività-Vecchia.

« Le 12 août, la goëlette, le seul bâtiment de guerre de Sa Sainteté, est sortie du port pour surveiller la côte. Des bateaux pêcheurs, qui se trouvaient dans le port, ont été armés pour le même objet.

« Je suis, etc. »

Quant au choléra, le gouvernement et les corps municipaux, se contentaient, dans les États du pape, de recourir aux moyens surnaturels pour le combattre.

« On a grand'peur ici du choléra et l'on fait des prières. La ville de Cività-Vecchia est dans l'usage de donner, vers le 20 août, une sorte de course de *vaccine* (vaches) ; on a trouvé qu'il fallait appliquer au choléra les écus consacrés, les autres années, à la course ; en conséquence, ils ont été dépensés cette année pour faire dire des messes pour les âmes du Purgatoire. Et cela dans une ville qui manque de tout, même de chlorure ! Au reste, il paraît que le sol de l'Italie est contraire au développement du choléra. Rome est bâtie sur des couches de lave ; à la vérité, le volcan est éteint depuis trois mille ans au moins. Là comme ici, on augmente la terreur du peuple par les prédications les plus lugubres et l'on ne prend pas la plus petite précaution raisonnable. Les personnes qui auront un cholérique dans leur maison, devront porter un *ruban jaune* au bras gauche.

« Le peuple croit que le choléra est une invention du Gouvernement, apparemment pour empoisonner ses ennemis. La bourgeoisie, elle-même, ne croit pas au choléra. On peut s'attendre à tout de la part de ce peuple féroce. Je parle du peuple de

Rome ; celui de Cività-Vecchia est fort doux, je n'y
ai pas vu un seul coup de couteau depuis quatre
ans. Souvent à Rome, on compte cinq assassinats
en une seule soirée ; à la vérité l'intérêt d'argent
n'est presque jamais la cause de ces crimes [1]. »

On le voit, la crainte du choléra faisait naître
chez les Italiens, avec les traits particuliers à leur
caractère national, le même genre d'illusions et
d'idées fausses qu'à Paris. On y regardait aussi
l'épidémie comme une invention du gouvernement
pour se défaire de ses ennemis. De même qu'à
Paris les prisonniers politiques de Sainte-Pélagie
avaient tâché de profiter de l'émotion causée par
le choléra pour reconquérir leur liberté à la faveur
d'une émeute, de même, à Cività-Vecchia, le plus
grand péril venait du bagne où les forçats ne

---

1. Beyle revient sur ce fait dans une note de sa main, écrite
sur les copies faites pour ses Chroniques italiennes, et conservées
aujourd'hui à la Bibliothèque Nationale, à Paris. « Même en
1833, je trouve qu'en France et surtout en Angleterre on tue
pour se procurer quelque argent. Des deux pauvres diables
qu'on a exécutés avant-hier et qui avaient 23 et 27 ans, l'un,
Tivaldi, avait tué sa femme parce qu'il en aimait une autre,
le second avait tiré un coup de fusil à un médecin ultra et probablement dénonciateur de son pays. On ne voit pas là trace
d'intérêt d'argent. » (Bib. Nat., fonds italien, t. 172, fol. 5).

devaient pas manquer de trouver l'occasion favorable pour rompre leurs fers. C'était là que Stendhal voyait le plus grand danger.

« Nous avons ici, écrivait-il, 1,400 forçats dans le bagne, ce sont des gens fort déterminés, gardés par 500 paysans habillés en soldats. A la première invasion du mal, les forçats vont se croire empoisonnés et chercheront à forcer la garde. Le danger du désordre me semble bien supérieur à celui que peut occasionner la maladie... Nous n'avons pas de délégat. Le Conseiller chargé de ces fonctions manque de fermeté, il y a anarchie.

« Les Églises sont pleines. Hier, un prédicateur s'est écrié : Disons un *Pater* et un *Ave*, mes frères, pour le premier d'entre nous qui mourra du choléra. Les femmes ont poussé des cris, et le *Pater* a été dit en fondant en larmes. La chaleur, à l'air libre, était de 29 degrés, et dans l'église on étouffait.

« L'opinion des gens sages est que le sol montagneux et sec des environs de Civitá-Vecchia, repoussera le choléra ; il y a beaucoup d'exhalaisons sulfureuses Comme le manque de propreté est énorme, je conseille fort le chlorure de chaux, surtout pour le bagne. »

L'opinion des gens sages se trouva juste. Le choléra n'atteignit ni Rome, ni ses environs directs. Il ne fournit pas à Stendhal l'occasion de ressentir une fois encore ce petit frisson que donne le danger et qui lui paraissait si doux, alors que, sous-lieutenant de dragons, il faisait avec Brune la campagne du Mincio, aux heures déjà lointaines de jeunesse et d'activité. Ce fut surtout une occasion perdue pour lui, d'obtenir enfin ce qu'il désirait secrètement depuis longtemps, la croix de la Légion d'honneur.

XVI.

Il y avait longtemps, disions-nous, que Stendhal
désirait la croix de la Légion d'honneur. Ce sentiment pourrait étonner, chez un homme qui
ne tarissait pas sur l'inanité des distinctions officielles et ne manquait jamais de réserver aux *gens à
cordons* les plus acérées de ses épigrammmes. La
vie de Beyle nous en fournit l'explication. Il avait
vécu, ne l'oublions .pas, au temps où, sous
Napoléon, la croix, ardemment désirée par tous,
n'était donnée que comme récompense de longs et
pénibles services ou d'actions d'éclatante bravoure.
Il l'avait souhaitée en ces temps de jeunesse dont
le souvenir lui restait si cher. Puis il la croyait
nécessaire à son prestige de diplomate. C'était,
pensait-il, une distinction de nature à lui faciliter
la tâche, en quoi peut-être il n'avait pas tort. « La
cérémonie est tout chez ces peuples, mandait-il de

Trieste..... Cinq ou six consuls ont la croix ; mon prédécesseur et son prédécesseur l'avaient, donc il faut la demander. Je la mérite à cause de Berlin, Vienne et Moscou. L'Empereur ne l'aurait pas donnée pour cela ; mais tous les nigauds à qui on l'a donnée depuis n'ont pas vu Moscou[1] ». La *cérémonie* jouait à Cività-Vecchia le même rôle qu'à Trieste et l'administration y avait de plus une désagréable tendance aux petites vexations inutiles.

« Ce pays-ci, écrivait Stendhal, n'est pas arrivé au même degré de civilisation que Livourne, on y fait encore souvent le mal, *inutile* à qui le fait... Il faut toujours prévoir quelque fausse interprétation des mots les plus clairs. »

Dans de telles circonstances, Beyle avait recours à des pourboires et autres petits moyens. Il n'en sentait pas moins très bien qu'une décoration, en rehaussant son prestige aux yeux des populations, eût diminué considérablement les tracasseries du gouvernement, non seulement à son égard, mais aussi à celui des rares Français qui passaient par Cività-Vecchia.

1. *Corr.*, t. II, p. 118.

Il insiste particulièrement sur ce fait dans certaines de ses dépêches.

« Il y a, dit-il, une quantité de petites dépenses de deux à quatre écus (11 à 22 francs), qui sont nécessaires au bien du service en ce pays. Dans les pays de légalité parfaite, en Angleterre, en Hollande, les choses se passent peut-être bien différemment, mais ici, à Cività-Vecchia, il m'est essentiel d'être bien avec les bateliers, avec les agents de la santé, avec les gendarmes. Cela n'est nullement important pour moi personnellement, mais pour les Français qui abordent avec des passeports non revêtus des visas nécessaires, ou sur le compte desquels il y a de mauvaises notes. Ainsi, M. le comte de Panis, pair démissionnaire, a été pris apparemment pour le Panis de 93 et, malgré trois ou quatre heures des démarches les plus vives, ne put pas débarquer à Cività-Vecchia et fut obligé de pousser jusqu'à Naples. Ainsi, un Français de soixante et un ans, prédicateur en Amérique, a été maltraité et conduit dans un cachot de la citadelle de Cività-Vecchia, comme étant M. Achille Murat. Les menues dépenses, qui me mettent à même de prévenir ou d'adoucir les incidents de ce genre, ne sont nullement utiles à moi personnellement, mais bien au commerce et aux Français qui voyagent. Il n'est pas de mois où les étrennes que je donne aux agents de la santé ne soient utiles au cabotage corse. Je m'aperçois souvent que j'ai déjà beaucoup trop restreint les dépenses de ce genre. En ce pays, tous les subalternes se font payer avec âpreté. Des négociants fort aisés ne rougissent pas de recevoir un présent de quatre écus à peine déguisé. Si cette foule de petits profits vient à cesser, notre commerce éprouvera de petites vexations de détail qui, dans une ville grande comme Saint-Cloud et où tout le monde tremble devant l'autorité arbitraire, nuiront à la considération de la France. »

Les raisons invoquées par Beyle étaient très plausibles. Du moins, elles parurent telles à M. de Saint-Aulaire, qui demanda pour lui la croix vers la fin de 1832, tandis que Beyle écrivait de son côté directement au duc de Broglie, alors ministre des affaires étrangères : « Permettez que sous les auspices de mon chef, S. E. M. le comte de Saint-Aulaire, ambassadeur à Rome, pour vous prier de me présenter à Sa Majesté pour la Légion d'honneur.

« J'ai précisément les 25 ans de services exigés

par les règlements. Auditeur au Conseil d'État, j'ai été intendant en Sibérie. J'ai donné des signatures officielles à Moscou et à Berlin. J'ai fait les campagnes de 1,800 Marengo, 1801, 1806, 7, 8, 9, 10, 11, 12, 13 et 14. J'ai toujours été employé hors des frontières. J'ai à la guerre une demi-solde de 450 fr. acquise par 13 ans et 7 mois de services, campagnes non comprises. Depuis 2 ans je suis consul à Trieste et à Cività-Vecchia.

« J'ai déjà été proposé pour la croix par M. le comte Daru, il y a 20 ans, pour ma conduite à Bobr dans la retraite de Russie. L'Empereur répondit qu'il ne donnait point de croix dans ces moments là... ».

La demande fut renouvelée en 1833.

«... A Moscou, écrivait Beyle, l'Empereur me fit remettre une somme de trois millions de roubles pour un service particulier ; cet ordre fut exécuté par M. le général comte Mathieu Dumas, alors intendant général. M. le comte Daru m'a chargé à Vienne en 1809, de tout le travail préparatoire à la formation du royaume de Hongrie.

« Je suis entré dans le 6e régiment de dragons, à 16 ans, en 1808... Il me reste de ce temps un certificat du Lieutenant général Michaud, dont

copie ci-joint[1]. ... « en 1814, l'Empereur m'a
envoyé dans la 7e division militaire (Grenoble, ma
patrie) avec des pouvoirs étendus. J'étais adjoint
à M. le comte de Saint-Vallier... »

Beyle devait pourtant attendre la décoration
quelque temps encore. Elle ne lui fut donnée qu'en
1835, et d'une façon qui le blessa profondément. Ce fut, en effet, comme homme de lettres
et par l'entremise du ministère de l'instruction
publique qu'il l'obtint ; or, sa prétention était de
la recevoir comme consul et sur la proposition du
ministre des affaires étrangères. C'est ainsi que,
dans une autre dépêche officielle, il énumère de
nouveau ses seuls titres administratifs, sans faire
la moindre allusion à ses travaux littéraires.

« Puisque Votre Excellence, disait-il, veut bien
parler des services qu'elle est disposée à faire
valoir, j'aurai l'honneur de lui exposer que j'ai
27 ans de service. M. le duc de Broglie avait eu la
bonté de me promettre que mon nom serait placé
sur la première liste des consuls pour lesquels on
demanderait la croix. J'étais auditeur au Conseil
d'État, chargé de fonctions administratives dans

1. V. aux annexes.

l'armée, sous les ordres de **M**. le comte Mathieu-Dumas. J'ai été intendant à Brunswick et à Sagan. J'ai fait toutes les campagnes depuis 1801, Vienne, Berlin, etc. Depuis 1830, j'ai été nommé consul à Trieste et à Cività-Vecchia. **M**. le comte de Sainte-Aulaire, ambassadeur du roi à Rome, a demandé plusieurs fois la croix pour moi. »

Stendhal voulait-il ainsi montrer que ses services administratifs à eux seuls lui méritaient la croix ? ou bien, jugeant de la valeur de ses travaux d'après les soins qu'ils exigeaient, plaçait-il sa *besogne de consul* au-dessus de ses compositions littéraires ? Il est difficile de le dire, et, là encore, peut-être l'explication du fait se trouve-t-elle dans un souvenir de jeunesse. Comme nous l'avons dit, Beyle avait assisté à la création de la Légion d'honneur. Elle était, à cette époque, elle était restée, à ses yeux, un ordre presque exclusivement militaire. Dès lors, ce qui, dans sa vie, lui paraissait le plus la mériter, devait être à coup sûr les campagnes qu'il avait faites, comme soldat d'abord, puis comme administrateur militaire, à la suite de la Grande Armée.

XVII.

Depuis longtemps déjà la santé de Beyle s'était altérée. A Trieste, la *bora* lui avait causé des maux d'entrailles ; à Cività-Vecchia, l'*aria cattiva* des Marais-Pontins lui donnait les fièvres. A l'influence du mauvais air, il fallait joindre la goutte et la gravelle, dont Beyle avait ressenti, encore jeune, les premières atteintes. De plus, il se sentait vieillir, il regrettait Paris ; et ces regrets, l'isolement dans lequel il se trouvait à Cività-Vecchia, le laissaient sans beaucoup de force en face de la maladie. Aussi au printemps de 1835 son état subit-il une aggravation profonde. On peut voir dans deux lettres écrites l'une au docteur Prévost à Genève [1], l'autre au ministre des affaires étrangères [2], quel était à cette époque le mauvais état

1. *Corr.* t. II, p. 205.
2. *Corr.*, t. II, p. 214.

de sa santé. Cette situation pénible se continua pendant l'été et l'automne de 1835. Au commencement de 1836 elle était devenue telle, que Stendhal, qui avait vainement demandé en juillet 1835 un consulat en Espagne, sur la Méditerrannée, se vit dans la nécessité absolue de quitter sa résidence et écrivit au ministre la lettre suivante, pour lui demander un congé :

« Monsieur le Ministre,

« Je vais prendre la liberté d'exposer à Votre Excellence les détails d'une demande d'une importance on ne peut moindre.

« Il s'agit d'un congé que le retour continuel de la fièvre rend fort désirable pour moi. Un mois après mon arrivée à Cività-Vecchia, en avril 1831, je fis une maladie mortelle (c'était la fièvre et la gravelle). M. de Saint-Aulaire et M. Périer, secrétaire d'ambassade à Rome, que je cite comme étant peut-être à Paris, me virent mourant[1]. La même

---

1. Dans une autre de ses lettres. Stendhal affirme qu'il fut question à Rome, d'envoyer quelqu'un pour mettre les scellés sur ses papiers.

maladie m'a attaqué tous les ans à l'époque des premières chaleurs. Je me permettrai un détail, c'est une fièvre d'*aria cattiva* que le quinine guérit ordinairement, mais, chez moi, cette fièvre est suivie d'une colique violente avec gravelle ou avec la goutte, et, à cause de cette tendance à l'inflammation, je ne puis prendre de quinine.

« L'année passée, quand Sa Sainteté est venue à Cività-Vecchia, j'étais au lit où j'ai passé un mois, et je n'ai pas pu faire les honneurs du bâtiment à vapeur français sur lequel Sa Sainteté a daigné faire une navigation de vingt milles.

« J'ai consulté, en 1833, M. Chomel ; les remèdes n'ayant produit aucun effet constant, je désirerais prendre un parti avant l'arrivée définitive de la vieillesse. J'ai trente années de services, dont 25 au moins hors des frontières de France.

« J'ai à solliciter toute l'indulgence de Votre Excellence pour des détails qui ne sont excusables que parce qu'ils font preuve. Je laisserais la gestion du Consulat à M. Lysimaque Tavernier, qui travaille avec moi depuis cinq ans. J'ai aussi un excellent commis, M. Antoine Albert.

« Je sollicite des bontés de Votre Excellence un congé de six semaines ou deux mois. »

Le congé demandé ne se fit pas longtemps attendre. Il lui fut accordé le 12 mars, moins d'un mois après la lettre qu'on vient de lire, et un élève-consul, M. Galloni d'Istria, fut chargé de gérer le consulat en l'absence du titulaire.

Le 5 mai, Stendhal fit annoncer en ces termes au département la remise du poste :

« En exécution des ordres de Votre Excellence en date du 12 mars dernier, je viens de remettre la gestion du Consulat de Cività-Vecchia à M. Galloni d'Istria, élève consul. Je me suis empressé de faire connaître, autant qu'il était en moi, à M. d'Istria, le pays et les hommes au milieu desquels il va agir. Je l'ai présenté à M. le Délégat de la province de Cività-Vecchia... Le soin de ma santé m'oblige à passer encore quelque temps à Cività-Vecchia, après quoi je me rendrai à Paris, où j'aurai l'honneur de prendre les ordres de Votre Excellence. »

Beyle arriva à Paris le 23 mai, et son séjour s'y prolongea jusqu'à la fin de juin 1839. « Il reprit, pendant ces trois années, ses anciennes habitudes, écrivant des romans et des nouvelles, prenant ses repas au *Café Anglais*, se montrant, de neuf heures à minuit, dans les salons en vogue, soit par l'esprit qu'on prêtait aux maîtres de la maison, soit par leurs titres ou par leur réputation dans le monde élégant.[1] »

Mais le monde ne prit pas Beyle tout entier, pendant ces trois ans que dura son séjour à Paris. Les *Mémoires d'un Touriste* (1838), plusieurs des *Chroniques italiennes* [2], enfin la *Chartreuse de Parme* (1839), sont là pour en faire foi. Cette vie, partagée entre les lettres et la société, ne put malheureusement pas durer longtemps. La chute du ministère présidé par le comte Molé, protecteur de Stendhal, força ce dernier, malgré ses vifs regrets, à revenir à Cività-Vecchia, et le 24 juin 1839 il partit de Paris pour rejoindre son poste, où nous allons le retrouver.

1. R. Colomb. *Notice biographique sur M. Beyle* (de Stendhal).

2. Parues dans la *Revue des Deux-Mondes* de 1836 à 1839.

XVIII.

Beyle rentra à Cività-Vecchia dans les premiers jours du mois d'août 1839.

« D'après les ordres de Votre Excellence, écrit-il au ministre, j'ai repris la gérance du consulat de Cività-Vecchia aujourd'hui dix août... Je serais arrivé plus tôt, mais j'ai été retenu d'abord à Gênes, puis à Livourne, par des douleurs de goutte. »

Il retrouva les affaires de la cour romaine dans le même état de désordre qu'à son départ. Le cardinal de Gregorio, en mourant, avait laissé au ministre des finances, le cardinal Tosti, la place libre auprès du pape. Ce prince était excellent.

« On aurait bien de la peine, disait Beyle, à trouver un homme aussi bon, aussi inoffensif[1] »; mais il se laissait trop dominer par son entourage. L'autorité dont jouissait le favori Gaëtano Morone, d'abord barbier, puis valet de chambre du Saint-Père et fameux dans Rome sous le nom de *Gaëtanino*, devenait un véritable scandale. Quant au cardinal Tosti, il trouvait moyen de subvenir tant bien que mal aux besoins de la cour pontificale et de se maintenir ainsi; mais il était, à cause même de cette habileté et de la faveur qui en résultait, haï de tout le monde. « C'est le *Prina* de ce pays-ci[2] », disait Stendhal, et il ajoutait encore : « Toute la cour de Rome, cardinaux, prélats, etc., montre de la haine pour M. le cardinal Tosti, pro-trésorier : on voudrait le faire passer à la place de secrétaire d'État pour les affaires intérieures, occupée par S. E. M. le cardinal Gamberini, avocat à Milan du temps du prince Eugène, et plus qu'octogénaire; mais M. le cardinal Gamberini ne veut pas donner sa démission et Sa Sainteté ne tient pas à le destituer. »

1. *Corr.*, t. II, p. 300.
2. *Corr.*, t. II, p. 301.

Ce ne fut pas seulement à Rome, où Stendhal allait encore assez souvent, qu'il put juger de l'opposition croissante que le cardinal Tosti soulevait contre lui. Dans sa résidence même, il en observa les effets.

« L'opinion publique de Cività-Vecchia est fort alarmée, écrivait-il ; on suppose au ministre des finances (M. le pro-trésorier cardinal Tosti) le projet de supprimer ce port franc, définitivement établi en 1742 par Benoît XIV, et qui fait la prospérité de la ville... Je suis loin de partager les alarmes des habitants de Cività-Vecchia ; cette ville jouit de la protection déclarée du vénérable Pontife qui gouverne l'État ; elle a un second protecteur presque aussi puissant dans la personne de S. E. M. le cardinal de Gregorio, son évêque ; elle est fort aimée de M. le cardinal Ugolini, qui, étant ministre de la guerre, il y a deux ans, fit planter ses promenades.

« S. E. M. le cardinal Tosti, pro-trésorier, jouit d'une très haute faveur auprès de Sa Sainteté parce que, loin d'arriver auprès du prince avec des gémissements comme ses prédécesseurs, il ne trouve d'obstacles à rien, et accomplit avec facilité et sans bruit, tous les emprunts nécessaires ; mais son crédit n'ira point jusqu'à obtenir une mesure aussi capitale que la suppression des ports francs de Cività-Vecchia et d'Ancône. »

Le désir de renverser le pro-trésorier était d'autant plus violent que la santé du pape paraissait chancelante. On avait annoncé vers 1840 qu'il avait la gangrène à la jambe, et déjà on supputait les chances du futur conclave. Beyle, qui en avait vu plusieurs, et qui avait pris à celui de 1829 la part que l'on sait, suivait avec attention ces mouvements de l'opinion publique.

D'après lui, « la partie gênoise, forte de quatorze cardinaux, fera l'élection ; ils sont riches et adroits[1] ». Il était surtout probable que, dans l'impossibilité de s'entendre, on nommerait un vieillard faible et âgé, et alors toutes les chances étaient pour le cardinal Pedicini, qu'on disait presque en enfance. Oppizzoni et Franzoni étaient encore cités parmi les cardinaux *papables*. Mais celui que Stendhal aurait voulu voir élire, c'était l'ancien ministre de la guerre, Ugolini, qui passait pour un des plus libéraux et des plus éclairés. Malheureusement, la France devait être sans influence, au grand

1. *Corr.*, t. II. p. 306.

déplaisir de Stendhal, qui ne comprenait pas que notre gouvernement parût se désintéresser ainsi d'un événement de si haute importance. L'élection, du reste, fut retardée. Grégoire XVI vécut jusqu'en 1846, et ce fut son successeur, Pie IX, qui eut à lutter contre les insurrections que Stendhal prévoyait quand il disait que de Bologne à Ancône les peuples étaient *ivres de colère*[1].

Mais s'il continuait à observer ce qui se passait autour de lui, il n'avait plus le temps d'envoyer en France des renseignements politiques. Les affaires du consulat occupaient tout son temps. « Ce consulat, écrivait-il, n'était rien avant 1831 ; maintenant, c'est un des plus occupés, c'est un bureau de poste. Cette nuit, j'ai été réveillé à cinq heures par un courrier venant de Rome[2] ». Les quarantaines imposées à l'occasion du choléra, le mouvement de la navigation, considérablement augmenté par l'organisation des services de bateaux à vapeur, lui donnaient un surcroît d'occupation. L'anecdote suivante, d'ailleurs agréablement contée, montre quelles étaient la délicatesse de sa situation et la

1. *Corr.*, t. II, p. 304.
2. *Corr.*, t. II, p. 283.

variété des difficultés qui l'assaillaient dans ses fonctions de consul.

« Avant-hier, 11 juin, nous attendions avec inquiétude, à Cività-Vecchia, le bateau-poste venant de Naples, en retard depuis trois jours, ce qui n'est jamais arrivé. Enfin, vers les deux heures après-midi, nous avons aperçu à l'extrémité de la ligne d'horizon, à l'aide de bonnes lunettes, un bateau à vapeur dont la cheminée ne rendait pas de fumée, et qui était remorqué par un autre bateau.

« C'était le *Dante*, provenant de Naples, remorqué par l'*Achéron*.

« La mer était grosse, je me suis porté sur la jetée, et j'ai engagé le pilote, M. Gilly, à se porter à la rencontre du bateau privé de ses roues.

« Le roi accorda, en 1838, une médaille d'or à M. Gilly pour avoir sauvé le bâtiment à vapeur de l'État, le *Phare*.

« A la vue du port de Cività-Vecchia, l'*Achéron* avait largué son amarre et laissé le *Dante* qui, à l'aide de ses voiles, cherchait à gagner le port : ce qu'il a fait, aidé par les indications du pilote Gilly.

« Enfin, après deux heures d'inquiétude, le capitaine du *Dante* a pris terre ; on lui a d'abord refusé la libre pratique, sous prétexte que l'*Achéron*, qui l'avait secouru, venait de Candie, et n'avait pas obtenu la libre pratique à Naples. Je me suis rendu chez Mgr Grech Delicata, auprès duquel j'ai plaidé la cause du *Dante,* qui n'avait communiqué avec l'*Achéron* que par des cordes goudronnées. Mgr Grech Delicata, toujours plein de bonté, et accessible à la raison, a déterminé le conseil, convoqué par lui pour délibérer sur la libre pratique ; elle a été accordée.

« M. le capitaine du *Dante* m'avait fait connaître que des mauvais temps l'avaient accueilli après son départ de Naples ; le temps se calmait, lorsque tout à coup l'axe de sa machine s'est rompu, la fracture était en *bizeau,* ce qui la rend irrémédiable ailleurs qu'à Toulon ou à Marseille.

« J'ai fait donner des vivres au *Dante,* et je me suis occupé des dépêches qu'il apportait de Malte.

« Elles partiront demain par le *Pharamond.* L'administration du bateau à vapeur a remboursé aux passagers les frais de la partie de la route d'ici à Marseille, et le *Dante* est reparti ce matin (13 juin) avec ses voiles. Sa mâture est faible ; par bonheur la mer s'est calmée ; toujours vent du sud qui, modéré, est favorable.

« Après avoir rompu sa machine, le *Dante* est

resté cinquante heures à combattre la mer par un mauvais temps. Enfin il a tiré un coup de canon et l'*Achéron* s'est porté à son secours, en évitant avec soin toute communication. On doit des éloges à M. Gilly, pilote ; j'ai dû user de tous les moyens pour déterminer les matelots à l'accompagner. »

Beyle cherchait dans l'étude des œuvres de l'art une distraction à ces travaux. Par une pente naturelle, il revenait ainsi aux occupations qui l'avaient charmé durant son premier séjour en Italie. Ses dernières lettres sont remplies de détails sur les fouilles qu'il faisait exécuter, les pierres antiques et les médailles qu'il collectionnait et qu'il envoyait à ses amis. Quand une découverte importante avait lieu, sans doute dans l'espoir d'en voir faire l'achat par un de nos musées, il en avertissait le ministère. C'est ainsi qu'il écrivait le 29 janvier 1840 :

« Je prends la liberté d'adresser à Votre Excellence une courte notice sur les statues découvertes à *Cerveteri,* ancienne ville étrusque située à vingt-deux milles de Cività-Vecchia, sur la route de Rome.

« M. Paul Calabresi, qui a trouvé ces statues le 10 janvier, m'a dit que M. Visconti, le commissaire des antiquités à Rome, les avait estimées à

12,000 écus (65,222 francs). Deux, de grandeur colossale, sont magnifiques. M. Calabresi espère les vendre au roi de Bavière, qui vient souvent en ce pays et fait des acquisitions. Ce propriétaire craint que le gouvernement romain ne veuille prendre ces statues pour le musée de Rome, auquel cas il suppose qu'il lui serait difficile de toucher le prix convenu. »

Sous le titre : *Les Statues de Cerveteri* suit en effet une description de la trouvaille. Ce n'est que la reproduction d'une longue lettre qu'il écrivit à ce sujet à son ami M. R. Colomb et qu'on peut retrouver dans sa correspondance déjà publiée[1].

Une autre fois, il se mettait en campagne pour retrouver des médailles volées à la bibliothèque du roi. « Je suis allé moi-même, écrivait-il, chez tous les orfèvres de Cività-Vecchia, qui m'ont promis de me donner connaissance de toutes les offres de vente qui leur seraient faites..... Je puis répondre que tout ce qui est possible sera fait. »

Cependant sa santé s'altérait de plus en plus. « Je me suis colleté avec le néant[2] », écrivait-il le

---

1. *Corr.*, t. II, p. 284.
2. *Corr.*, t. II, p. 310.

5 avril 1841. Une prédisposition apoplectique lui enlevait parfois la mémoire des mots. On peut suivre, pour ainsi dire pas à pas, dans ses dernières lettres les progrès de la maladie. On en retrouve aussi de nombreuses traces dans sa correspondance officielle. En envoyant au Département l'État du commerce de Rome et de Cività-Vecchia, il ajoutait :

« L'envoi de ce document a été retardé par un accès de goutte combattu par huit saignées et qui m'a privé presque de la faculté de penser. »

Cet état s'aggrava. Les absences de parole devenaient de plus en plus fréquentes. Beyle avait peur de mourir seul dans quelque auberge italienne. De nouveau il fallut demander un congé.

« Je suis dans les premiers jours d'une pénible convalescence après une maladie de quatre mois, écrivait-il. La goutte menaçait d'une congestion au cerveau. Il a fallu neuf saignées ; la convalescence a lieu au milieu du mauvais air de Cività-Vecchia.

« Je n'ai point sollicité de congé, parce que M. Lysimaque Tavernier, chancelier, était lui-même en congé à Constantinople.

« Mais M. Lysimaque Tavernier doit être à Cività-Vecchia vers le 9 septembre prochain.

« Le moment est donc venu de solliciter auprès de Votre Excellence un congé aussi court qu'il conviendra.

« Je voudrais changer d'air et aller consulter, à Genève, M. Prévost, qui m'a guéri d'une grande maladie, il y a quelques années.

« La présence de M. Lysimaque Tavernier assurera le service du poste de Cività-Vecchia.

« Aucun fait exposé ci-dessus n'est exagéré. M Alertz, d'Aix-la-Chapelle, médecin de Sa Sainteté, m'a soigné de concert avec M. Girolami ».

Le congé demandé lui fut accordé vers la fin de 1841. Le 21 octobre il remit la gestion du consulat à son chancelier, M. Tavernier, et en avertit le ministre en ces termes :

« En exécution des ordres contenus dans la lettre dont Votre Excellence m'a honoré le 15 septembre dernier, je viens de remettre à M. Lysimaque Tavernier la gestion du consulat de Cività-Vecchia.

« Je prie Votre Excellence d'agréer l'expression de ma reconnaissance pour le congé qu'elle veut bien m'accorder et qui était nécessaire pour ma santé ».

C'est la dernière lettre officielle de Stendhal. Il

ne devait plus revenir à Cività-Vecchia. Après avoir consulté à Genève le docteur Prévost, qui l'avait déjà soulagé une première fois, il arriva à Paris le 8 novembre 1841. On sait comment il y mourut le 22 mars 1842, d'une attaque d'apoplexie dont il fut frappé près du boulevard, devant le ministère des affaires étrangères. Il avait à peine cinquante-neuf ans.

XIX.

Conclusion.

Nous voici parvenus au terme de cette étude sur
la carrière diplomatique de Stendhal. Il y a débuté
comme par hasard ; puis il a eu l'heureuse chance,
après y être entré de plain-pied, de se trouver en
Italie au moment où les événements donnaient à
ses fonctions consulaires une véritable importance
politique. Il l'a compris et c'est ainsi qu'il a pu
tracer, avec quelle précision et quelle netteté ! le
tableau des conséquences de la révolution de
1830 au delà des Alpes. Enfin, lorsqu'au mouvement insurrectionnel de 1831, succéda pour l'Italie
une période de repos apparent et d'obscur travail
vers l'unité et la liberté, Stendhal sut, un peu
triste, mais résigné, vieillir dans sa résidence de
Cività-Vecchia.

Si nous avons surpris quelquefois chez lui les
traces d'une lassitude née de l'isolement et surtout

des atteintes d'une vieillesse prématurée, nous l'avons trouvé toujours avisé, attentif et dévoué.

Balzac aurait donc eu raison dans son jugement sur Stendhal, si l'on fait la part du grossissement sous lequel ce puissant esprit voyait toutes choses? Sans aller jusqu'à dire que Stendhal eût été à la hauteur de n'importe quelle tâche diplomatique, il serait donc permis de penser qu'il était bien supérieur à celles qui lui furent réservées à Trieste et à Cività-Vecchia?

Après avoir lu ses dépêches, la réponse, semble-t-il, ne saurait être douteuse.

Mais se contenter de trouver la preuve qu'en remplissant avec conscience le poste qui lui était confié, Standhal a agi comme tout honnête homme eût fait à sa place, serait vraiment peu de chose.

La correspondance officielle complète ici la correspondance privée. Elle sert à nous faire connaître l'homme.

Que n'a-t-on pas dit et écrit sur son compte?

A lui, comme à ses amis Mérimée et Jacquemont, les contemporains de Chateaubriand et des romantiques n'ont jamais pardonné leur indépendance d'esprit à l'égard des doctrines philosophiques et littéraires qui ont prévalu de 1820 à 1840.

De notre temps, beaucoup partagent encore ces sentiments On traite la sobriété de Stendhal et de ses amis de sécheresse, leur sincérité de cynisme, leur pénétration de misanthropie, et de ce qu'ils n'étalaient pas leur cœur aux yeux de tous, on en conclut qu'ils n'en avaient pas.

On oublie ainsi volontairement que pour certaines natures, d'ordinaire les plus délicates et les plus nobles, la sincérité absolue vis-à-vis de soi-même et du monde dans les choses de la pure intelligence, comme la réserve complète dans celles qui touchent aux sentiments intimes du cœur, sont deux devoirs aussi impérieux l'un que l'autre.

C'est pour avoir tâché de remplir ces deux devoirs que Stendhal a été méconnu, sinon dans son talent, au moins dans son caractère. C'est pour avoir tenté de dire la vérité, telle qu'il la voyait et comme il la voyait, qu'il a été traité de pessimiste et de misanthrope. Or, sauf dans les dernières années de son consulat, où les attaques répétées de la maladie voilent de tristesse ses lettres, d'ordinaire si étincelantes d'esprit et de gaieté, nous le voyons regarder la vie, non pas avec l'ironie amère et doulou-reuse d'un pessimiste et d'un misanthrope, mais avec l'attention à la fois fine et profonde d'un artiste et d'un délicat. Il a le même plaisir à observer l'Italie d'après 1830, travaillée et comme enfiévrée d'une sourde et sombre passion de justice et de liberté, qu'il en avait eu à la voir pour la première fois au printemps de 1800, alors que Milan recevait en libérateur le jeune vainqueur et les soldats de Marengo. Il ne s'est donc pas isolé de la vie pour la connaître. Au contraire, il l'a observée sous toutes ses faces. Ce n'est que tard, et vieux, et malade, qu'il s'est demandé si elle était bonne ou mauvaise et si vraiment elle valait la peine d'être vécue. Aux années de jeunesse et de force, il ne cherchait qu'à la rendre la plus intense et la plus intéressante possible, ouvrant son âme à toutes les émotions, son esprit à toutes les idées, alliant la *chasse au bonheur* à la chasse au savoir et se regardant lui-même vivre avec une attention sagace et passionnée. Sans autre désir que celui de se rendre compte, Stendhal a ainsi pratiqué la vie, l'observant à travers son esprit merveilleusement lucide et clair ; elle l'a intéressé et, s'il l'a aimée parce qu'elle l'intéressait, il est juste aussi de dire qu'elle l'a intéressé parce qu'il l'aimait. Il nous fournit par là une nouvelle preuve que le plus sûr moyen de connaître la vie et d'en tirer ce qu'elle

a de bon, c'est d'en supporter virilement les ennuis
et les douleurs, car l'éternelle énigme ne laisse
surprendre une partie de son secret qu'à ceux qui
ne reculent pas devant la lutte et, d'avance en
acceptent les conditions.

FIN.

ANNEXE I.

Certificat donné à Beyle par le général Michaud.

Je soussigné, certifie : qu'à l'ouverture de la campagne du Mincio, au commencement de l'an IX, ayant à remplacer un de mes aides-de-camp, j'ai fait choix de M. Henri Beyle, sur les rapports avantageux qui m'avaient été faits de cet officier.

Je ne peux que rendre le témoignage le mieux mérité de la bonne conduite de M. Beyle, ainsi que de la bravoure et de l'intrépidité dont il a donné des preuves dans le cours de cette campagne, et notamment au combat en avant de Castel-Franco.

Il s'est d'ailleurs toujours acquitté, avec autant de zèle et d'exactitude que d'intelligence, des différentes missions dont il a été chargé et dans lesquelles il a fait preuve de connaissances administratives.

Je saisis avec plaisir l'occasion de rendre justice à ce brave officier en lui délivrant le présent.

A Paris, le 25 thermidor an treize.

Signé : Le général de division, inspecteur général d'infanterie.

MICHAUD.

ANNEXE II.

Lettre de recommandation pour Beyle, de Beugnot à Talleyrand.

Paris, le 5 juillet 1814.

Monseigneur,

Permettez que je recommande à votre bienveillance particulière M. de Beyle, qui sollicite auprès de Votre Altesse la faveur d'être nommé à un consulat d'Italie.

M. de Beyle est un jeune homme d'une heureuse maturité, fort éclairé, et d'opinions mesurées ; il est du nombre des auditeurs qui méritent d'être distingués par le gouvernement actuel.

J'éprouverais beaucoup de satisfaction, si le témoignage que je me plais à lui rendre contribuait à lui concilier les bontés de Votre Altesse.

Je suis, etc.

ANNEXE III.

Instructions données par Charles X aux cardinaux français se rendant au conclave.

Paris, 25 février 1829.

Le retour subit d'une infirmité qui avait, chez lui, devancé la vieillesse, vient de trancher inopinément les jours de Léon XII. Un conclave va s'assembler pour lui nommer un successeur : et monseigneurs les cardinaux de Clermont Tonnerre, de la Fare, de Croÿ, de Latil et d'Isoard sont appelés à concourir de leur vote à l'accomplissement de cette œuvre importante et solennelle.

Dans tous les temps, sans doute, l'élection du chef spirituel de la chrétienté a été, pour l'assemblée qui procède à sa nomination, une tâche aussi importante que solennelle. Jamais aucune chose n'a demandé plus de calme, de discernement et de maturité. Mais, aujourd'hui, une telle tâche se complique avec les circonstances. Si la grandeur est la même, la difficulté s'accroît en raison de l'état actuel des sociétés et des modifications imprimées par le temps aux mœurs et aux opinions. Il n'a jamais été plus essentiel et pour le bien de la religion, pour les intérêts de l'Eglise et de la catholicité, pour l'indépendance du Saint-Siège et pour celle de l'Italie, pour la tranquillité des gouvernements et le bonheur des fidèles, d'élever sur la chaire de saint Pierre un pontife digne par ses vertus, son caractère et ses talents, d'obtenir l'estime de son siècle et d'honorer ce trône, illustré par de si grands noms.

Tel a été Léon XII dans les dernières années de son règne. La conduite prudente et réfléchie, l'esprit de conciliation et de paix qu'il a apporté dans ses relations avec les Puissances, la juste appréciation des limites qui séparent l'Empire du Sacerdoce, une part équitablement faite aux nécessités politiques, l'élévation d'âme, les vertus supérieures qui le distinguaient, sa constante et paternelle sollicitude pour le bien-être de son peuple ; son infatigable activité dans les soins du gouvernement, au milieu des souffrances d'une vie qui s'éteignait prématurément, de si nobles qualités suffisent pour recommander sa mémoire au respect des peuples, et rendre sa perte justement regrettable.

Le roi, qui connaissait l'attachement de ce pontife pour la France et qui n'a jamais eu qu'à se féliciter de ses rapports avec lui, a vivement senti cette perte. Il fait les vœux les plus sincères pour qu'elle soit réparée par le choix du conclave. Il désire surtout que monseigneurs les cardinaux français, avant de s'y rendre, se pénètrent bien de ses intentions et de sa manière d'envisager l'élection d'un nouveau pape.

La politique du Roi, dans cette circonstance grave, est ce qu'elle a toujours été, franche, impartiale et désintéressée ; elle n'est dirigée par d'autre considération que par celle du bien général de la religion et de la chrétienté. S. M. n'a personnellement en vue aucun cardinal dont elle désire, plus exclusivement, l'élection au pontificat. Ce qu'elle demande, c'est un pape vertueux, versé dans la connaissance des affaires, doué de cette modération qui, chez les hommes éclairés, s'associe toujours à l'exercice du pouvoir et qui n'est autre chose que cette parole de paix et de justice qui accompagne toujours le sage de l'Ecriture sainte ;

animé de ce sentiment profondément religieux et chrétien qui faisait dire à Léon XII quelque temps avant sa mort : *Je ne suis qu'un évêque comme un autre évêque* : assez au courant de l'esprit du siècle et des affaires politiques pour comprendre les embarras de l'autorité, et assez sage pour la seconder et pour ne pas troubler, par des prétentions ou des discussions inopportunes, la bonne harmonie qui doit présider aux rapports des souverains avec le saint-Siège ou avec le clergé de leurs États. Ce que le Roi désire encore, c'est que le successeur de Léon XII puisse être, comme lui, indépendant par caractère et par principes ; et que, n'étant dévoué à aucune puissance en particulier, il puisse être agréé par toutes en général.

Tel est le Souverain Pontife qui convient au Roi et à la France, parce qu'il convient à l'Eglise, au Saint-Siège et à l'Europe. A ces conditions, nous nous unirons volontiers à toute puissance étrangère, comme à toute fraction du Sacré-Collège qui travaillerait de bonne foi à faire prédominer le choix d'un tel candidat. C'est dire que le Roi sera toujours prêt à seconder l'élection de celui qui lui paraîtra le plus digne.

Il serait difficile d'asseoir un jugement sur les

combinaisons qui se développeront dans le sein du conclave, les vues des partis ou les intrigues de la politique étrangère. Y aura-t-il, cette année, plus qu'en 1823, un parti des couronnes proprement dit ? Les Puissances catholiques s'entendront-elles, plus qu'elles ne le firent à l'époque du dernier conclave, pour diriger l'élection sur le pontife qui conviendrait le mieux à l'Eglise et à la chrétienté ? C'est sans doute ce qu'elles devraient faire, mais ce dont il est encore impossible de juger.

Il n'y eut point de partis des couronnes dans le dernier conclave, à moins qu'on ne veuille appeler ainsi l'union instantanée et forcée du cabinet autrichien, que dirigeait le cardinal Albani, avec la fraction du Sacré-Collège qui agissait dans le sens de la France. Mais il est de fait qu'il n'existait point entre les Puissances ce concert de vues et d'action dont elles avaient pris autrefois l'habitude et qui pourrait encore leur ménager aujourd'hui la principale influence dans un conclave, surtout si cet accord était franc, intime et combiné dans les principes de désintéressement et de modération.

Ce n'est pas que l'Autriche n'ait mis tous ses soins à faire croire à l'existence de ce parti des couronnes et surtout à accréditer l'opinion qu'elle lui donnait l'impulsion. Il est vrai qu'elle disposait en apparence des cours de Naples et de Sardaigne. Mais ce concours était nul par le fait ; car, en général, les cardinaux napolitains et siciliens agissaient au conclave dans un sens diamétralement opposé aux instructions de leur gouvernement qui leur avait prescrit de marcher de concert avec l'Autriche ; et les cardinaux piémontais, que le roi de Sardaigne, après avoir promis son concours à l'Autriche, avait laissés libres de ne suivre d'autre impulsion que celle de leur conscience, marchèrent sur la même ligne que les cardinaux napolitains.

L'Espagne, qui n'était représentée au conclave que par un seul cardinal, avait des vues tout à fait opposées aux nôtres. Elle s'unissait aux *Zelanti* ardents, et son ministre à Rome était tout entier dans les principes de cette faction.

Le Portugal n'était pas même représenté au conclave.

Ainsi la France, qui, avant la Révolution, voyait ordinairement se rallier à elle les cours de la maison de Bourbon et la Sardaigne, se présentait isolée à l'ouverture du conclave de 1823. Les principes étaient ce qu'ils sont encore aujourd'hui.

Elle n'avait aucun système ambitieux à faire prévaloir. Elle ne voulait pour pape qu'un sujet dont l'esprit et le caractère offrissent à l'Eglise et à l'Europe des gages de bien-être et de tranquillité. Comme le cardinal Castiglioni, grand pénitencier, lui paraissait réunir aussi de semblables garanties, elle aurait vu son élection avec plaisir et Messieurs de Clermont-Tonnerre et de la Fare avaient reçu du Roi l'ordre d'y travailler de tout leur pouvoir. A défaut du cardinal Castiglioni, c'était sur le cardinal della Somaglia que S. M. portait ses vues et son suffrage.

L'Autriche n'avait aucun parti dans le conclave, parce que sa politique excitait en général la méfiance des *Zelanti* et du parti italien. Aussi s'était-elle attachée à la faction Consalvi et travaillait-elle à faire élire le cardinal sicilien *Arezzo,* sous le nom duquel elle espérait que le cardinal Consalvi eût continué de diriger les affaires, comme il l'avait fait sous Pie VII. C'est cette faction, qui n'était que le parti des cardinaux politiques, que l'ambassadeur d'Autriche à Rome aurait voulu faire passer pour le parti des Couronnes et qui, sur la fin du conclave, fut obligée par la force des choses de se rallier au parti de la France.

La Cour de Vienne compte-t-elle aujourd'hui dans le Sacré-Collège plus de partisans qu'elle n'en comptait alors ? Peut-elle espérer de la part des cardinaux napolitains et piémontais plus d'appui qu'elle n'en obtint en 1823, supposé d'ailleurs qu'elle puisse entraîner dans ses vues les Cours des Deux-Siciles et de Sardaigne ? Ces deux Cours elles-mêmes voudront-elles, cette fois, agir d'accord avec la France ; et, dans ce sens, leurs cardinaux, plus dociles qu'ils ne le furent en 1823 aux instructions qu'ils avaient reçues, s'uniraient-ils à monseigneurs les cardinaux français ? Enfin, après s'être convaincue qu'elle ne peut rien par elle-même et sans la France dans un conclave, l'Autriche nous proposera-t-elle d'agir de concert avec nous dans celui qui va s'assembler ?

C'est ce qu'il est difficile de décider dans l'état actuel des choses, et c'est ce qui a imposé à monseigneurs les cardinaux français l'obligation d'observer avec soin la situation respective des esprits, avant de donner leur confiance et de prendre leur détermination.

Ils pourront toutefois recueillir sur toutes ces questions, d'utiles renseignements de monsieur l'ambassadeur du Roi, avec lequel il sera nécessaire qu'ils s'entendent et qui leur fournira toutes les lumières que sa haute position et la supériorité de son esprit n'auront pas manqué de lui procurer. Peut-être, à défaut d'un concert réel, l'Autriche cherchera-t-elle, comme en 1823, à accréditer l'opinion qu'il existe : et, s'il n'est pas présumable qu'elle veuille précisément le Pape que choisirait la France, il est certain aussi qu'elle ne veut pas plus que nous qu'il soit pris dans les rangs des *Zelanti*, outrés. Mais si elle est d'accord avec nous sur l'exclusion d'un tel candidat, il est certain qu'elle en diffère par les motifs. Ce n'est pas tant l'inflexible rigidité du zélantisme et de ses maximes ultramontaines qu'elle redoute et qu'elle repousserait au besoin. Quoiqu'elle ne soit pas moins attachée que nous au grand principe de l'indépendance des Couronnes, qu'elle fait respecter avec soin dans ses États, ce qu'elle déteste avant tout dans les Zelanti, c'est leur éloignement bien prononcé pour ses prétentions sur l'Italie, c'est le sentiment honorable d'indépendance et de nationalité qui les distingue.

C'est parmi eux que l'Autriche trouvera sans doute encore ses antagonistes les plus prononcés, car, indépendamment de leur aversion politique pour elle, les cardinaux de cette faction n'ont probablement oublié ni l'exclusion dont la Cour de Vienne, par le cardinal Albani, frappait en 1823 le cardinal de leur choix, ni l'improbation assez maladroite qu'elle manifesta contre l'élection du cardinal della Genga.

Il est vrai, ce qui contribua puissamment à les aigrir contre la cour de Vienne fut l'appui qu'elle donnait au cardinal Consalvi et son intention avouée de prêter son appui au système d'administration de ce secrétaire d'Etat.

Le faible parti du cardinal Consalvi s'étant éteint avec son chef, il est à croire que les *Zelanti,* qui formeront sans doute encore la majorité du conclave, ne se laisseront plus aller à l'esprit des préoccupations que leur inspirait la présence de cet adversaire et la lutte engagée avec sa faction ; il se formera vraisemblablement au sein du conclave un parti nombreux composé de tous les esprits sages et modérés.

C'est à ce parti que monseigneurs les cardinaux français devront s'attacher, c'est sur lui principalement qu'ils devront opérer pour réunir le plus grand nombre de votes possibles en faveur du candidat le plus digne d'être élu. La considération dont la France jouit à Rome, la piété du Roi, sa politique franche et loyale, sa bienveillance connue envers le gouvernement pontifical, la confiance dont il a récemment donné à Léon XII une si grande preuve dans des circonstances délicates, l'intérêt naturel qu'il prend à l'indépendance du Saint-Siège et à celle de l'Italie, seront pour monseigneurs les cardinaux français, de nombreux et puissants titres à la confiance du Sacré-Collège, et de nobles éléments de crédit et d'influence. Ils persuaderont facilement les esprits, lorsqu'ils exprimeront au nom de Sa Majesté le désir de voir donner la tiare à un cardinal italien, à un Zelanti modéré, dans l'intérêt exclusif de la religion, du Saint-Siège et de la chrétineté.

Le Roi, comme on l'a déjà dit, avait porté en 1823 ses vues sur le cardinal Castiglioni. L'opinion favorable qu'il s'est formée des lumières et du caractère de ce cardinal n'a pas changé, et ce choix serait sans doute encore désirable, sous tous les rapports. S. M. verrait également avec plaisir l'élection du cardinal qui jouit d'une juste réputation d'intégrité et sur lequel le parti italien réunirait volontiers les suffrages ; de Gregorio, dont on vante les lumières et la modération, et qui professe

un entier dévouement à la famille des Bourbons ;
de Brancadoro, que d'honorables souvenirs atta-
chent à la France, et de Zurla, qui, par les principes, appartient au parti des Zelanti, mais que ses
vertus douces et modestes, sa vaste instruction et
la droiture de son caractère préserveraient des
faux conseils d'un zèle outré, et qui ne serait pas
selon la sagesse, et du danger non moins redoutable
de l'exagération de certaines opinions. Au surplus,
les promotions qui ont eu lieu, sous le pontificat
de Léon XII, ont modifié la composition du Sacré-
Collège. Il doit s'y trouver aujourd'hui d'autres
sujets qui sont aussi dignes de nos suffrages que
Castiglioni, réunissant peut-être en leur faveur autant et plus de chances d'élection. Nous avons
appris qu'à Rome on portait déjà comme *Pappe-
gianti* les cardinaux Benvenuti, Cappellari et Giustiniani. Nous n'avons aucune objection contre les
deux premiers, dont l'un a fait preuve d'habileté
dans une administration difficile, et l'autre a montré, dans une grande et intéressante question où la
France était intéressée, des principes remarquables de sagesse et de modération. Mais le Roi ne
pourrait voir, sans inquiétude, la majorité du conclave se décider en faveur du cardinal Giustiniani ;

et, en effet, l'esprit d'exaltation qui le distingue, son zélantisme ardent et la conduite peu mesurée qu'il a tenue pendant sa nonciature d'Espagne, donne-raient justement lieu de craindre qu'il ne portât dans l'exercice de la Papauté un esprit peu favorable à la paix de l'Eglise, et à la bonne harmonie de nos rapports avec le Saint-Siège. Du reste, ces premiers bruits ne constituent point encore des chances positives et ce sont, à proprement parler, de ces questions incertaines, comme la physionomie d'un conclave lui-même. Mais il est deux points sur lesquels l'opinion du Roi est invariablement arrêtée ; d'une part, il n'est plus possible de songer au cardinal della Somaglia, dont le grand âge a complètement affaibli les facultés, et dont l'élection ne placerait sur le trône de saint Pierre qu'un fantôme prêt à s'évanouir au moindre souffle ; d'autre part, il serait fort à désirer que le cardinal Bernetti, dont S. M. a pu apprécier le bon esprit et les lumières, continuât sous le pape futur d'exercer les fonctions de secrétaire d'État.

L'intention très expresse du Roi est que MM. les cardinaux de Clermont-Tonnerre et de la Fare, de Croÿ, de Latil et Isoard, agissent dans un parfait accord de langue et de conduite, pendant tout

le temps de leur séjour à Rome et de leur présence
au conclave. Des différences à cet égard auraient
les plus graves inconvénients ; et S. M. verrait avec
beaucoup de peine qu'ils s'écartassent d'un principe d'union si indispensable. Son intention est
également qu'ils s'entendent de la manière la plus
intime avec M. le vicomte de Chateaubriand, son
ambassadeur, et qu'il s'établisse entre eux et lui
un commun échange de renseignements et d'avis
utiles au bien du service du Roi. L'expérience que
MM. les cardinaux de Clermont-Tonnerre et de la
Fare ont acquise en 1823 de la marche habituelle
des conclaves et de la statistique personnelle du
Sacré-Collège, les notions de même nature qu'un
long séjour à Rome a procurées à M. Isoard, seront
pour MM. les cardinaux français des antécédents
et des guides précieux, dans les circonstances au
milieu desquelles ils vont se trouver. Le Roi aime
à compter sur leur zèle et sur leur fidélité à remplir
ses intentions, dont l'esprit leur est suffisamment
indiqué dans ce mémoire destiné à leur tenir lieu
d'instructions générales. Ce n'est, en effet, que des
directions de cette nature que S. M. peut leur
donner quant à présent. Elle n'a point, à proprement parler, de plan formé pour élever sur la

chaire pontificale ou pour exclure tel ou tel membre du Sacré-Collège. Elle regretterait même
d'avoir à donner une exclusion formelle et authen-
tique, mais ce n'est pas moins un cas à prévoir ;
et cette nécessité se présenterait, si la majorité des
voix menaçait de se déclarer en faveur d'un sujet
dont les préjugés personnels, un zèle aveugle, un
caractère intolérant et inquiet, et surtout l'habitude
de dépendre de telle ou telle Puissance, seraient
susceptibles de faire pressentir à l'Eglise une administration dangereuse aux gouvernements étrangers, et, à la France en particulier, des complica-
tions et des embarras de plus d'un genre. Cette
circonstance qui, comme nous l'espérons, ne se
produira pas, pourrait seule déterminer le Roi à
faire usage d'un expédient qu'il faut toujours éviter
et qui peut entraîner de graves inconvénients.
D'ailleurs, S. M. n'aperçoit point en ce moment
de sujet contre lequel elle serait dans le cas d'user
de cette mesure extrême ; elle laisse aux incidents
du conclave le soin de déterminer sa résolution à
cet égard.

CHARLES,
Comte Portalis.

ANNEXE IV.

M. Beyle, pénétré de reconnaissance qu'on le trouve encore bon à quelque chose, malgré ses 47 ans et ses 14 ans de service, expose qu'il est absolument sans fortune. Son père s'est ruiné à 73 ans.

M. Beyle désirerait une place de consul général à Naples, Gênes, Livourne, si quelqu'un de MM. les Consuls quitte l'Italie. Si le consulat est trop au-dessus de ce qu'on paraît avoir la bonté de vouloir faire pour lui, il demanderait la place de premier secrétaire à Naples ou Rome. Turin n'est pas encore l'Italie et le secrétaire à Florence doit être bien peu payé.

J'ai l'honneur, etc.

Paris, le 25 août 1830.

ANNEXE V.

Note autographe de Beyle résumant ses états de service (sept. 1830).

M. Beyle a 14 ans de service. Il a été à Moscou, Vienne, Berlin. Il était auditeur au Conseil d'Etat et Inspecteur général du mobilier et des bâtiments de la Couronne.

En 1813, il fut intendant à Sagan en Silésie. A Vienne, à Berlin, il avait été chargé par M. le comte Daru, son parent, de sa correspondance diplomatique. A Vienne, en 1809, M. Beyle tint la plume dans toute l'affaire de la Hongrie la plus singulière de l'époque. Il s'agissait de donner la Hongrie à un archiduc.

Pendant un séjour de dix ans en Italie, M. Beyle a connu la plupart des hommes qui vont avoir une importance politique, MM. Gino Capponi, Poezio, Monsignor Marini, etc.

M. Beyle peut écrire des dépêches en anglais et en italien. Il a fait plusieurs voyages en Angleterre et connaît le mécanisme de son gouvernement actuel. Il serait heureux d'être employé sous les ordres de M. le comte Molé.

ANNEXE VI.

Beyle au Comte Molé.

Je reçois la lettre par laquelle Votre Excellence veut bien me faire connaître que Sa Majesté a daigné me nommer consul à Trieste.

Je suis prêt à partir.

Mon zèle serait augmenté, s'il était possible, par la reconnaissance que je dois au Ministre qui a daigné faire valoir le souvenir déjà ancien de mes services au Conseil d'État et à l'armée.

Je suis avec respect, etc.

Paris, 13 octobre 1830,

N° 71, rue de Richelieu,

Hôtel Valois.

16

ANNEXE VII.

Beyle au Comte Sebastiani.

Monsieur le Comte,

J'ai reçu le 16 mars dernier la lettre par laquelle
Votre Excellence me fait connaître que S. M.
a jugé utile au bien de son service de me nommer
consul à Cività-Vecchia. Votre Excellence veut bien
ajouter que, dans le cas où une occasion favorable
se présenterait, elle voudrait bien faire valoir mes
anciens services auprès de S. M.

J'ai 14 ans et 7 mois de service, non compris les
campagnes, et toujours à l'étranger. J'ai été intendant à Sagan et à Brunswick. J'ai vu et administré
les étrangers à Milan, Berlin, Moskou, etc. J'ai fait
avoir à l'armée de Moskou en retraite, la seule dis-
tribution de pain qui, je crois, lui ait été faite. M.
le Comte Daru, alors ministre secrétaire d'État,
daigna me remercier au nom du général en chef.

La chute de Trieste à Cività-Vecchia est sensible.

J'ai remis le service du consulat de Trieste à M. Levasseur le 30 mars dernier.

La voie de mer était la plus facile pour me rendre de Trieste à Ancône, que nous savions ne pas devoir tenir, et, de là, à Cività-Vecchia. J'ai préféré la voie de terre, pensant que peut-être à Cività-Vecchia je trouverais un chiffre que je n'avais point à Trieste. Je suis autorisé à croire qu'à la poste on prenait extrait des lettres par moi écrites ou reçues. Les autorités ont été sensibles à un compliment mérité que je leur adressais à la fin de la dépêche qui transmettait à Votre Excellence seize états de commerce annuels et trimestriels.

J'aurai l'honneur d'adresser un rapport à Votre Excellence, aussitôt mon arrivée à Florence.

Je suis, etc.

Trieste, 31 mars 1831.

ANNEXE VIII.

Augurio pel nuovo anno 1834.

La crescente civiltà, l'esperienza del passato, il disinganno dei pregiudicati, le vittorie dell' opinione, l'ajuto di Dio fanno sperare ai Toscani un avvenire migliore.

I frequenti scandalosi esempi di dilapidazione nelle pubbliche amministrazioni, mentre s'aumentano i dicasteri e gli stipendiati; i mentiti prospetti di enormi spese in riparazione di pubblici edifizii, servite invece alle case dei privati; le esorbitanti profusioni di fasto monarchico [1], mentre il popolo langue di fame e di freddo; le espilazioni alla Magona del Ferro, al Sale, alla Maremma; gli ostacoli all' istruzione e al progresso dell' industria manifatturiera e commerciale; gli attentati fre-

---

1. Le spese delle regie nozze ascesero a TRECENTOMILA scudi.

16.

quenti alla indipendenza comunitativa[1]; le infrazioni arbitrarie delle leggi contro la garanzia e la sicurezza degl' individui d'ogni classe e d'ogni grado, non si riprodurranno, perchè è da sperarsi, mediante un miglior sistema governativo, la rettitudine e la pubblicità delle operazioni politiche e amministrative. — Sarà allora a tutti palese che la sola casa del principe costa ora allo Stato più di CINQUECENTOMILA Scudi l'anno[2]; si paragonerà questa somma con quella assegnata a un re costituzionale, e si vedrà in proporzione esser tripla; se riscontrerà che in un paese povero, perchè unicamente agricola, come la Toscana, mediante víolenti e stolti mezzi, e aggravando perfino le merci di prima necessità di un dazio che raddoppia il valore, si estorcono ora annualmente sopra VENTI-

---

1. È stato ordinato arbitrariamente alle comunità di accendere ogni anno una partita in bianco, da riempirsi a piacere del Governo, sotto lo specioso titolo dell' Instituto degli Orfani. Questo serva per tanti altri esempii.

2. TRENTACINQUEMILA scudi il mese di pensione al Sovrano. Ferdinando III di 30.000 ne prese 28.000 soltanto, a motivo del ribasso nel prezzo delle derrate. Ora le derrate sono assai più ribassate, e la pensione è cresciuta. — Il ragguaglio delle spese d'istruzione publica non si può fare in Toscana, perchè non ve ne sono.

CINQUE MILIONI di lire; parte per mandarsi in Austria, e parte per erogarsi in inutili precauzioni contro la ragione di un popolo, che ormai sente e conosce il bisogno urgentissimo di migliorare di condizioni; che richiede di esser istruito e diretto; che vede impossibile il miglioramento della nazione senza la riforma amministrativa; che non crede alle promesse, alle illusioni; che non vuole un governo egoista, nè dispotico; ma giusto, libero, morale, italiano; che è stanco di soffrir mali insopportabili; che è persuaso che la verità e l'istruzione comandata dall'Evangelio, illumina lo spirito, protegge la nazione, rende al popolo ciò che fu prodotto dal sudore del popolo!

Toscani! se tutti fossimo meno inerti pel nostro interesse, è più concordi nel censurare sui dati della verità e del calcolo, le operazioni del governo, non si temerebbero inutili e dispiacenti disturbi, e il governo sarebbe costretto a rettificarsi da sè medesimo.

Toscani! i mali non finiranno, ni i beni giungeranno, finchè piomberà su di noi la sferza di un Caporale Tedesco; finchè non sapremo farci render conto del come viene adoperato il 4° o il 5° delle nostre sostanze; finchè i municipii non saranno

rispettati nelle loro attribuzioni e nei loro poteri ;
finchè insieme a tutti gli altri nostri fratelli Italiani,
non saremo uniti sotto una stessa bandiera, in
questa terra feconda di tante glorie e di tante
sventure; — Al che, l'amore del prossimo, la carità
della patria e lo spirito augusto del Cristianesimo,
superiori in eterno ad ogni umana forza nemica,
provvedono potentemente, aumentano l'invitta cos-
tanza, invitano al sacrifizio, santificano il martirio.

TABLE ANALYTIQUE

ERRATA

TABLE DES MATIÈRES

PARIS. — TYPOGRAPHIE DE E. PLON, NOURRIT ET Cie, RUE GARANCIÈRE, 8.

www.ingramcontent.com/pod-product-compliance
Lightning Source LLC
Chambersburg PA
CBHW061444060726
47597CB00002B/460